AF561571

PORTRAITS

PROPHÉTIQUES

D'APRÈS

NOSTRADAMUS

PAR

H. TORNÉ-CHAVIGNY

Curé de Saint-Denis-du-Pin (ancien curé de la Clotte)

OU

NAPOLÉON III, PIE IX, HENRI V

D'APRÈS

L'HISTOIRE PRÉDITE ET JUGÉE PAR NOSTRADAMUS

L'APOCALYPSE INTERPRÉTÉE PAR NOSTRADAMUS

ET LES LETTRES DU GRAND PROPHÈTE

PRIX : 75 C.

POITIERS

HENRI OUDIN, LIBRAIRE-ÉDITEUR,

4, RUE DE L'ÉPERON, 4

1871

PORTRAITS PROPHÉTIQUES

D'APRÈS

NOSTRADAMUS (a)

(a) Parmi les photographies qui ont trait à la prophétie, celle qui offre le plus d'intérêt représente Nostradamus, écrivant l'*Histoire prédite et jugée.* Le Traducteur cherche à deviner la pensée du prophète ; 60 personnages dont Nostradamus a parlé, se présentent venant du ciel. Henri V occupe sa place à la suite des rois et gouvernements qui se sont succédé depuis Henri II jusqu'à Napoléon III. Ce tableau, déposé le 15 septembre 1862, offre les portraits de 12 personnes que j'avais nommées depuis deux ans, comme devant voir la restauration du droit divin des rois.

PORTRAITS

PROPHÉTIQUES

D'APRÈS

NOSTRADAMUS

PAR

H. TORNÉ-CHAVIGNY

Curé de Saint-Denis-du-Pin (ancien curé de la Clotte)

OU

NAPOLÉON III, PIE IX, HENRI V

D'APRÈS

L'HISTOIRE PRÉDITE ET JUGÉE PAR NOSTRADAMUS

L'APOCALYPSE INTERPRÉTÉE PAR NOSTRADAMUS

ET LES LETTRES DU GRAND PROPHÈTE

PRIX : 75 C.

POITIERS

HENRI OUDIN, LIBRAIRE-ÉDITEUR,

4, RUE DE L'ÉPERON, 4

1871

INTRODUCTION (a)

L'Apôtre a dit : « *Ne méprisez pas les prophéties, mais examinez tout et retenez ce qui est bon* » (*I Thess.*, v. 20). Nostradamus, regardé de son vivant comme prophète, se présente, après trois cents ans, comme étant « le grand Prophète (175) ». Notre devoir est d'examiner ses prophéties et de les retenir, si elles sont bonnes. On n'a point de doute sur leur authenticité. Nous possédons encore des éditions imprimées sous les yeux de l'auteur. Il y déclare qu'il prédit « le commun advenement (l'avenir de la société ou communauté)... tout au long, limitant les lieux, temps et le terme perfix (7, 30) ». S'il dit vrai, la grandeur de sa prophétie n'aura d'égale que la grandeur de l'incrédulité de notre époque qu'elle est appelée à combattre. L'incrédulité cédera devant l'évidence.

Parmi les noms de lieux dont ce livre fourmille, en voici un qui nous arrête : « Dedans Varennes, esleu cap. cause tempeste, feu, sang tranche (280) ». Louis XVI, arrêté dans Varennes, cause une tempête terrible par sa fuite. La sédition en feu, au cri de : *à bas Capet !* tranche la tête de ce Capétien, élu roi constitutionnel. Nostradamus montre aussitôt « le Père Roy au temple et deux petits royaux ». Il avait dit au-dessus : « Le tiers premier pis que ne fit Néron ». Le Tiers État, devenu le premier des trois ordres, fut plus cruel que Néron. Il renferma Louis XVI et ses deux enfants dans la prison du Temple, etc... Il y a là un récit en 40 vers sur la Révolution de 1789-1815.

A la suite du mot « Gand (447) » qui nous frappe à l'égal du mot « Varennes », nous lisons : « Le Recloing ne sera sans débats,... le légitime à ses amis livrer,... ceux d'Aquilon iront contre le roy de Babylon... Cent fois mourra le tyran inhumain, mis à son lieu scavant et débonnaire ». Louis XVIII, éloigné pour la seconde fois de la patrie, disputa, à Gand, par la diplomatie son trône à son rival jusqu'au jour où, pour rendre

(a) Les nombres entre parenthèses sont le plus souvent les numéros d'ordre des passages de la prophétie dans la *Réédition*.

le légitime à l'amour de ceux qui l'avaient nommé le *Désiré*, les rois du Nord marchèrent contre le souverain que Paris révolutionnaire (la Babylone moderne) s'était donné. Ils le condamnèrent à mourir tous les jours à Sainte-Hélène quand ils eurent mis à sa place le bon et savant Louis XVIII. C'est encore un récit en 40 vers sur les Cent Jours.

Nostradamus « limite les lieux », c'est évident. Voyons s'il « limite le temps et terme perfix ». Nous lisons de nos yeux cette date aussi précise qu'on peut le demander : « Sera faicte grande persécution à l'Eglise chrestienne l'an mil sept cents nonante deux que l'on cuydera être une rénovation de siècle (140) ». En 1792, on a grandement persécuté l'Église, et le 21 septembre de la même année, on a cru renouveler le siècle de l'ère chrétienne en datant de l'an 1er de la République. Autre date plus précise encore peut-être ! « Treiziesme de février (740) ». Cette date appartient à un récit en 44 vers sur le retour de Henri V, dont le père, assassiné le 13 de février 1820, révéla, ce jour-là, l'existence. Sept mois après, cet enfant était nommé, à sa naissance, *Dieudonné, l'enfant du miracle*. Nostradamus l'avait appelé dans ce récit : « Don présenté, arbre qui estoit par longtemps mort séché, qui, dans une nuit, viendra à reverdir ». Nostradamus « limite le temps et terme perfix », c'est évident.

L'Histoire prédite et jugée par Nostradamus, l'Apocalypse interprétée par Nostradamus, la Réédition des Centuries et les Lettres du grand prophète renferment avec preuves à l'appui tous les traits que j'ai réunis dans les *Portraits prophétiques de Napoléon III, Pie IX et Henri V*. Le lecteur n'en doutera pas si je lui montre, par l'interprétation rapide d'un récit « tout au long », quelle est la précision, l'étendue et la morale d'une révélation que Dieu a faite pour amener tous les partis à n'en faire plus qu'un et tous les hommes à se ranger sous la houlette du seul « Pasteur ». Aujourd'hui, dit Nostradamus, « blancs et rouges jurent à l'envers » les uns des autres.

Rien dans notre histoire n'est plus connu que l'élévation, le règne et la chute de Napoléon Ier. Nostradamus a dû raconter ces événements qui remuèrent la patrie et l'Eglise ; autrement il n'aurait pas prédit, ainsi qu'il le déclare, « le commun avénement ». Ouvrez son livre... Il vous parle ici d'un « aigle celtique (II. 56) ». Avant l'aigle des Napoléon, il n'y avait jamais eu d'aigle celtique. Là, vous lisez ces deux vers :

Car mars fera le plus horrible trosne
De coq et d'aigle de France frères trois.

VIII. 46.

De 1789 à 1871, durant l'époque dite révolutionnaire ou de la guerre civile (« mars »), on a vu au trône le coq de la République et de L. Philippe, l'aigle des empereurs et les trois frères de la maison de France : Louis XVI, Louis XVIII et Charles X. Tous les gouvernements, sans exception, qui se sont succédé depuis 1789, sont dans le dernier vers, où l'on ne voit qu'eux seuls. Jamais auparavant on n'avait vu au trône ou le coq ou l'aigle, on les a vus depuis, et c'est à une des époques bien rares où trois frères de France se succèdent au trône, et ce trône alors est « le plus horrible trosne ». Louis XVI est mort sur l'échafaud, Louis XVIII a passé 23 ans en exil où il est retourné — c'est par exception qu'il a repris le pouvoir pour le garder jusqu'à sa mort, — Charles X est mort en exil : le coq républicain sur l'échafaud ou en exil, le coq de Louis-Philippe en exil, ainsi que l'aigle des deux premiers empereurs. La fin de l'aigle des deux derniers justifiera encore cette lugubre expression : « le plus horrible trosne ». Quelle précision, et quelle connaissance de l'avenir !

Ces deux vers sont une conclusion, puisqu'ils commencent par le mot « car ». Regardez alors au-dessus. Vous lisez ceci :

...Par avarice... viendra vexer les siens chef d'Orléans...
...Neveu du sang occupera le règne...

Nous n'avons eu au trône, depuis que la prophétie est faite, qu'un d'Orléans. Il était le « chef » de cette branche; et son « avarice » l'a caractérisé entre les souverains. Nous n'avons jamais eu au trône qu'un « neveu ». Or, ce « neveu » est précisément un « neveu du sang » (par un frère et non par une sœur), et, précisément, *il a occupe le règne après le chef d'Orléans*. L'un a mis au trône le coq; l'autre, l'aigle, à l'époque du « plus horrible trosne de coq et d'aigle de France frères trois ». Parler du « neveu », c'est rappeler l'*oncle;* pourtant ne vous arrêtez pas davantage à ce récit en 24 vers (537-542), car voici, un peu plus bas, un vers qu'on ne peut lire sans songer au *soldat-empereur :*

De soldat simple parviendra en empire...

Si le quatrain qui commence ainsi s'interprète de Napoléon Ier et ne peut s'interpréter que de lui — car l'auteur affirme que ses quatrains n'ont « qu'un seul sens et unique intelligence (56) » — ; s'il ne renferme rien d'inutile — car l'auteur, se défendant d' « inverécondc loquacité (49) », affirme qu'il « ne mesle rien de superflu (64) » à sa prophétie — ; s'il est suivi de quatrains dans les mêmes conditions, renfermant les grands traits de la vie politique et privée de cet empereur jusqu'à son dernier jour ; en un mot, si nous trouvons, à la suite de ce vers, un de ces récits « tout au long (39) » que « le grand prophète » nous promet, vous croirez sans plus de preuves aux affirmations que je vous fais ici sur mon âme. J'ai retrouvé dans les écrits de Nostradamus toute notre histoire depuis trois cents ans. J'ai pu, grâce à ses livres, annoncer à l'avance des faits, les plus en dehors de toute prévision humaine, qui se sont accomplis à la lettre. Ils m'ont fourni les *Portraits prophétiques de Napoléon III, Pie IX et Henri V*, tels que je les donne. Ils sont dans l'auteur aussi précis, aussi détaillés, même plus complets...

383. De soldat simple parviendra en empire,
De robe courte parviendra à la longue.
Vaillant aux armes, en Eglise ou plus pyre
Vexer les prestres comme l'eau fait l'esponge.

VIII. 57.

Napoléon Ier a dit : « Les Souverains se trouvaient-ils offusqués de voir un simple soldat parvenir à la couronne (*Mém. de Sainte-Hélène*, I. 386) ? » Il a laissé l'habit court du soldat pour revêtir la longue robe du sacre. On voit, au *Musée des Souverains*, les deux vêtements sous lesquels il s'est montré le jour du sacre. Le premier faisait partie du *petit habillement*, le second est nommé *la longue robe*. V. Hugo a dit : « Venez donc recevoir et le sceptre et le globe. Le Saint-Empire, ô Roi, vous revêt de la robe ». Si, de soldat simple, il est parvenu à l'Empire, c'est qu'il était vaillant aux armes. S'il a été sacré, c'est qu'il était membre de l'Église qui est l'assemblée des fidèles. Où trouver un homme qui ait fait plus de mal à l'Eglise, non en tuant les prêtres, mais en les vexant, en les vexant par des envahissements successifs dans le temporel et le spirituel, comme l'eau envahit l'éponge peu à peu jusque dans ses parties les plus élevées ?

Napoléon Ier a dit : « Je me saisis des forteresses de Pie VII, je m'emparai de quelques provinces, je finis même par occuper Rome (*Moniteur*, 3 mars 1861) ». Avant le sacre, il avait fait un premier Concordat qui lui avait donné une partie du spirituel de l'Église. Il y joignit après, malgré les protestations du Pape, les *Articles organiques*. A la fin, il prit le reste du spirituel par un dernier Concordat.

Ce quatrain s'applique parfaitement à Napoléon Ier et ne peut être appliqué à tout autre. Il n'a bien « qu'un seul sens et unique intelligence. »

384. Règne en querelle aux frères divisé,
Prendre les armes et le nom Britannique,
Tiltre Anglican sera tard advisé,
Surprins de nuict mener à l'air Gallique.

VIII. 58.

Ayant divisé entre ses frères la partie de ses États qu'il avait obtenue par les armes, et qu'on lui disputait les armes à la main (la Westphalie, la Hollande, l'Espagne et le royaume de Naples), il avisa de prendre les armes et le nom britannique (c'est-à dire de soumettre la puissance anglaise pour être Napoléon *le Britannique*, comme Scipion fut *l'Africain*, après avoir pris les armes des Africains, comme l'empereur Claude fut *le Britannique*, après avoir pris les armes des Bretons). Il n'a point réussi : car, à la fin et trop tard, il avisa le titre anglican, en demandant à vivre en Angleterre sous la protection des lois anglaises comme un Anglais. C'est sa défaite à Waterloo qui amena ce revirement dans sa fortune et ses idées. Surpris là par l'arrivée de Blücher, il fut mené de nuit, tambour battant, de l'étranger à l'air de France.

Napoléon Ier avait dit, à Waterloo : « Voilà Grouchy, la victoire est à nous ! » Il dit plus tard à Sainte-Hélène : « Ah ! que Wellington doit un beau cierge au vieux Blücher ! Sans celui-là, je ne serais pas ici (II. 454) ». On lit dans le *Rapport officiel* : « L'obscurité de la nuit empêcha de rallier les troupes ». Les mots : « Surpris et mener », dans un quatrain qui ne parle que de guerre, sont des mots techniques de l'art militaire.

Après l'explication donnée à ces huit vers, je fais remarquer qu'à Waterloo l'empereur tombait pour la seconde fois d'un trône où il s'était élevé deux fois, n'étant pas un fils de roi qui arrive de plein-pied au trône. Puis je découvre le vers suivant, en jouissant de l'effet qu'il produit toujours sur le lecteur :

385. Par deux fois haut par deux fois mis à bas,
L'Orient aussi l'Occident foyblira,
Son adversaire après plusieurs combats,
Par mer chassé au besoing faillira.

VIII. 59.

Elevé par lui-même deux fois au trône d'où il sera renversé deux fois, il affaiblira l'Orient par la campagne d'Egypte, l'Occident par vingt années de guerre. Son adversaire, nommé « le Britannique » dans le quatrain précédent, nommé « l'Anglois » dans le quatrain suivant, après plusieurs combats par mer, l'ayant chassé, faillira au besoin du *martyr de Sainte-Hélène.*

Napoléon Ier dicta : « Un roi d'Angleterre fit exposer sa victime sur le point le plus insalubre d'un roc situé au milieu de l'Océan, dans un autre hémisphère. Cet hôte y périt après une longue agonie, tourmenté par le climat, les besoins et les injures de toute espèce (II. 279) » !

386. Premier en Gaule, premier en Romanie,
Par mer et terre aux Anglois et Paris,
Merveilleux faits par celle grand mesnie,
Violent terax perdra le NORLARIS.

VIII. 60.

Empereur de France et roi d'Italie, il a fait la guerre aux Anglais d'abord par mer à Aboukir, à Trafalgar et sur toutes les côtes par le blocus continental, puis par terre sur tous les champs de bataille de l'Europe et, en dernier lieu, sous les murs de Paris. Tous les merveilleux faits de son règne ont été causés par cette grande haine vouée aux Anglais. Violent chasseur, il perdra le pays des *Lorrains* ou le *Nord* de sa patrie (en latin, *laris*) envahi par l'étranger.

Nostradamus développe sa prophétie par l'allusion à la littérature, à l'Ecriture sainte. Le mot grec *Ménis*, colère, renvoie au début de l'Iliade : « *Ménine aeide Théa...* Muse, chante la colère d'Achille qui causa des maux innombrables aux Grecs, fit descendre chez Pluton tant d'âmes de héros et livra leurs corps aux chiens et aux animaux de proie. Ainsi le voulait Ju piter. C'était à qui l'emporterait d'Agamemnon et d'Achille. » « C'était à qui l'emporterait de Napoléon et des Anglais. » — Le mot grec *Therax*, de *Théra*, chasse, renvoie à la *Genèse* : « Nemrod fut un violent chasseur devant le Seigneur. De là est venu ce proverbe : Violent chasseur devant le Seigneur comme Nemrod roi de Babylone. » — Les contemporains de Nostradamus ont su que « NORLARIS » était pour *LORRAINS* par anagramme, « CHYREN » pour *HENRYC*, etc.; mais ils n'ont su ce que signifiaient par anagramme les mots « PAV, NAY, LORON, » placés en tête des trois centuries dédiées à Henri II. L'étonnement du lecteur est au comble quand, à la suite de ces noms de villes : *PAV*, *NAY* et *OLORON*, donnant par anagramme *NAPAVLAION ROI*, je montre 64 vers sur Napoléon III, où l'on voit qu'il devait perdre plus complétement encore que son oncle la Lorraine par l'invasion étrangère. Le mot « CHYREN » est six fois dans les Centuries, six fois pour Henri V : *Lou noste Henryc*, disent les Béarnais. Nostradamus *adapte* ses quatrains les uns aux autres par la répétition des mêmes expressions.

387. Jamais par le découvrement du jour,
Ne parviendra au signe sceptrifère,
Que tous ses sièges ne soyent en séjour,
Portant au coq don du TAC armifère.

VIII. 61.

« De soldat simple parviendra en empire » celui qui jamais par une marche au grand jour ne parviendra à saisir le titre qui confère le sceptre. Il ira toujours par des voies souterraines. Napoléon fait le dix-huit Brumaire au cri de *Vive la République!* Il se fait nommer consul pour dix ans, après deux ans pour dix autres années, puis consul à vie. Il attend que tous ses pouvoirs dans diverses positions gouvernementales comme général en chef de l'armée d'Italie, commandant de l'expédition d'Egypte d'où il revient (« l'Oriental sortira de son siége », 336), pour s'emparer du gouvernement suprême comme consul, aient préparé les esprits à l'appeler au poste fixe et héréditaire de l'empire portant au coq de la République le don d'une épidémie causée par les armes.

« Tac », maladie contagieuse (*N. Landais*); « *Armifer* », qui porte les armes (*W.*). La pensée que renferme le dernier vers est celle de l'historien Montgaillard : « Pour arriver au despotisme, Napoléon présenta à la nation comme but de ses efforts, la guerre au lieu de la liberté. » — Napoléon remplaça le coq, sous lequel il avait combattu, par l'aigle de l'Empire, à l'époque du « plus horrible trosne de coq et d'aigle, de France frères trois ».

388. Lorsqu'on verra expiler le saint temple,
Plus grand du Rhosne leur sacrez prophaner,
Par eux naistra pestilence si ample,
Roy fuit injuste ne fera condamner.

VIII. 62.

Lorsqu'on verra dépouiller la sainte Eglise, le plus grand du torrent révolutionnaire en France, mettre la main sur Sa Sainteté Pie VII, par eux (Napoléon et le Pape) sera fait le Concordat de 1813, si pestilentiel qu'il ne fera condamner injustement par Dieu l'empereur et roi en fuite.

« Rhosne », du grec *Ruon*, qui entraîne. Nostradamus rend souvent sa pensée en jouant sur les noms de lieux et en employant la partie pour le tout. — Napoléon Ier a dit : « Je finis par occuper Rome, tout en déclarant à Pie VII qu'il demeurait *sacré* pour moi ». — Dans le palais même de Fontainebleau, où Napoléon avait retenu prisonnier le Pape, où, par des violences physiques et morales, il l'avait contraint de signer un Concordat qui lui donnait le reste du spirituel de l'Eglise comme il en avait le temporel (« vexer les prestres comme l'eau fait l'esponge »), le persécuteur de l'Eglise, roi d'Italie et de Rome, fuyant devant le secours que Dieu accordait à l'Eglise, est venu signer son abdication.

389. Quand l'adultère blessé sans coup aura
Meurtry la femme et le fils par despit,
Femme assommée, l'enfant estranglera,
Huict captifs prins, s'estouffer sans respit.

VIII. 63.

Quand, adultère par son mariage avec une seconde femme du vivant de la première, blessé moralement à Waterloo où il voulait mourir (« La mort ne veut pas de vous », lui a-t-on dit : cette expression : « blessé sans coup », oblige à prendre au moral le reste du quatrain), il aura meurtri Joséphine et Eugène

Beauharnais, son fils d'adoption, par dépit de n'avoir pas d'héritier; laissé ras-terre Marie-Louise, la fille des Césars; privé de la vie politique son enfant Napoléon II; laissé entre les mains de ses ennemis les huit autres membres de sa famille : sa mère, ses trois sœurs et ses quatre frères (« Règne en querelle aux frères divisé »), il ne pourra qu'étouffer, privé d'air et d'espace jusqu'à son dernier jour.

« *Là, c'est là*, disait-il en montrant sa poitrine au docteur Antomarchi ». Celui-ci lui présenta un flacon d'alcali. « *Eh non! ce n'est pas faiblesse,* s'écria-t-il; *c'est la force qui m'étouffe, c'est la vie qui me tue...* » Puis, s'élançant à une fenêtre et regardant le ciel : « *17 mars*, dit-il : *à pareil jour, il y a dix ans* (nous étions à Auxerre, venant de l'île d'Elbe), *il y avait des nuages au ciel. Ah! je serais guéri si je revoyais ces nuages* (*Hist. pop. de l'empereur*, p. 200) ».

L'auteur de ce récit en 28 vers sur le *soldat-empereur*, depuis le jour où commence sa vie politique : « De soldat simple... » jusqu'au jour où elle s'achève : « s'estouffer sans respit », est bien un « grand prophète » que Dieu (la Voie, la Vérité et la Vie) nous a gardé pour éclairer nos pas, dévoiler le vrai des grands principes sociaux et arracher la France à la mort. C'est dans le quatrain où l'on voit la prophétie entre les mains de Napoléon III qui s'efforce alors d'empêcher le retour du roi légitime que Nostradamus s'est dit, à dessein, le grand prophète :

176. Du grand Prophète les lettres seront prinses,
Entre les mains du tyran deviendront :
Frauder son Roy seront ses entreprinses,
Mais ses rapines bientost le troubleront.

II. 36.

Une connaissance pareille de l'avenir ne peut venir que de Dieu : « *Quant à nous qui sommes humains,* dit Nostradamus, *ne pouvons rien de notre naturelle cognoissance et inclination d'engin* (*ingenium*, esprit), *cognoître des secrets obstruses de Dieu le Créateur. Combien qu'aussi de présent peuvent avenir et être personnages, que Dieu le Créateur aye voulu révéler par imaginatives impressions quelques secrets de l'avenir* (12) ». On lit en tête des Centuries : « Le divin près s'assied (172) ». Dieu dicte, le prophète écrit.

Dieu a choisi Nostradamus entre tous pour en faire « le grand prophète », parce qu'il a vu l'humilité de son serviteur, son obéissance à l'Eglise, sa foi orthodoxe, sa vie conforme à sa croyance, son dévouement sans borne au prochain, et son esprit de sacrifice dans la recherche de l'avenir.

Parlant de son don prophétique, Nostradamus cite ces paroles de saint Matthieu : « *Vous avez caché ces choses aux sages et aux prudents, c'est-à-dire aux puissants et aux rois, et vous les avez découvertes aux petits et aux faibles* ». Il ajoute, pour rendre plus clairement encore sa pensée : « et aux prophètes... Je suis, dit-il, homme mortel éloigné non moins de sens au Ciel que des pieds en terre, suis pécheur plus que nul de ce monde, subjet à toutes humaines afflictions (8, 28) ».

« Je proteste, a-t-il dit, devant Dieu et ses saints, que je ne prétends de mettre rien quelconque par écrit qui soit contre la vraye foy catholique (53)... Sera soustenu le sacrifice de la saincte et immaculée hostie (134) ».

Chavigny nous dit dans la Vie qu'il nous a laissée de son maître : « Il approuvoit les cérémonies de l'Eglise romaine et tenoit la foy et religion catholique, hors de laquelle il asseuroit n'estre point de salut. Et reprenoit grievement ceux qui, retirez du sein d'icelle, se laissoient apaster et abreuver de douceur et libertez de doctrines étrangères et damnables (les Luthériens, Zwingliens et Calvinistes. 63), affermant que la fin leur en seroit mauvaise et pernicieuse. Je ne veux oublier à dire qu'il s'exerçoit volontiers en jeusnes, aumosnes, à la patience, abhorissoit le vice et le chastioit severement, voire me souvient que donnant aux pauvres, envers lesquels il étoit fort libéral et charitable, il avoit ce mot en bouche ordinairement tiré de l'Écriture sainte : « Faites-vous des amis, des richesses d'iniquité ».

Quand les médecins, ses confrères, désertaient les villes ravagées par la peste la plus contagieuse, il courait les remplacer et se renfermait avec les pestiférés qu'il guérissait.

Après avoir employé bien des moyens connus pour soulever le voile de l'avenir, il a dit à son fils : « Je te suplie que jamais tu ne veuilles employer ton entendement à telles rêveries et vanités qui seichent les corps et mettent à perdition l'âme donnant trouble au foible sens même la vanité de la plus qu'exécrable magie, réprouvée jadis par les sacrées Écritures, et par les divins canons, au chef duquel est excepté le jugement de l'astrologie judicielle : par laquelle et moyennant inspiration et révélation divine par continuelles supputations, avons nos prophéties rédigées par écrit. Et combien que celle occulte philosophie ne fusse réprouvée, n'ay oncques voulu présenter leurs effrénées persuasions, combien que plusieurs volumes qui ont été cachés par longs siècles me sont été manifestés. Mais doutant ce qui adviendroit, en ay fait après la lecture présent à Vulcan (le feu), que cependant qu'il les venoit dévorer la flamme leschant l'air rendoit une clarté insolite, plus claire que naturelle flamme, comme lumière de feu de clystre (chalumeau) fulgurant, illuminant subit la maison comme si elle fut été en subdite conflagration. Parquoy à fin qu'à l'avenir ne fussiés abusé, perscrutant la parfaite transformation, tant seline que solaire (la transmutation des métaux : l'or est soleil, et l'argent lune, en grec, *séléné*. 184) et sous terre métaux incorruptibles, et aux ondes occultes (elixir de longue vie), les ay en cendres convertis. Mais quant au jugement qui se vient parachever moyennant le jugement celeste, cela te veux-je manifester (sa prophétie comprend des faits astronomiques et météorologiques qui relèvent du jugement de l'homme et des faits politiques et religieux qui ne relèvent que du jugement de Dieu) : parquoy avoir connaissance des causes futures, rejettant loing les phantastiques imaginations qui adviendront ; limitant la particularité des lieux par divine inspiration supernaturelle (23) ».

L'astrologie doit être pour bien peu de chose dans le travail prophétique de celui qui éloigne tous les astrologues de son livre : « *Omnes Astrologi procul sunto* (173) ». On doit même croire qu'il ne parle çà et là de l'astrologie, dont il a brûlé les livres en reconnaissant que la flamme qui les consumait venait de l'enfer n'étant pas « naturelle », que pour faire mépriser et sa prophétie et lui-même jusqu'à ce jour : « pour cause de l'injure, et non tant seulement du temps présent, mais aussi de la plus grande part du futur (5) ».

Un des premiers apologistes de Nostradamus croit que le sacrifice qu'il a fait du fruit de ses recherches et l'aveu qu'il insère ici de la vanité de l'astrologie ont pu lui mériter la connaissance complète de l'avenir, par une révélation directe et instantanée de la divinité. J'ajouterai que la prophétie n'étant point faite pour le prophète, mais pour ceux qui en doivent reconnaître l'accomplissement, Dieu a pu choisir entre tous Nostradamus pour humilier la raison de notre siècle orgueilleux. Il recevra la leçon et de bien haut, de l'homme même qu'il tient sous ses pieds. Il lui faudra croire en Nostradamus comme faisait Henri II.

On lit dans le *commentaire de Blaise de Montluc :* « Monsieur de Guyse despecha un courrier au roy (pour lui apprendre la prise de Thionville) : car il tarde aux grands que les nouvelles ne volent. Sa Majesté faisoit lire les présaiges de Nostradamus le jour de devant, ils lisoient (disaient) pour lendemain bonnes nouvelles au roy. »

Brantôme a ce passage vraiment curieux : « Un devin trouva que le roy devoit mourir en duel et combat singulier. (Le quatrain de Nostradamus a été publié quatre ans avant l'événement : « Le lyon jeune le vieux surmontera, En champ bellique par singulier duelle : Dans cage d'or les yeux luy crèvera ; Deux classes une, puis mourir, mort cruelle » 193). Le roy donna cette prophétie à garder à M. de l'Aubespine et qu'il la serrast pour quand il la demanderoit. (Le jeune Montgommery blesse Henri II à travers la visière de son casque.) Or, le roy ne fut pas plustôt blessé, pancé et retiré dans sa chambre, que M. le Connestable, se souvenant de cette prophétie, appela M. de l'Aubespine et luy donna charge de l'aller quérir ; ce qu'il fit, et aussitôt qu'il eust veüe et leüe les larmes lui furent aux yeux. — Ah ! dit-il, voilà le combat et duel singulier où il devoit mourir ; cela est fait, et il est mort... Que maudit soit le devin qui prophétisa si au vray et si mal ! »

Henri II mourut en juin 1559. Dans les présages que Nostradamus avait publiés, l'année précédente, on lisait pour le mois de *juin 1559* : « De maison sept par mort mortelle suite ». Henri II laissa en mourant sept enfants. Sa maison s'est éteinte par des morts successives, aucun de ses enfants mâles n'ayant laissé d'héritiers.

Honoré des rois et de l'Église jusqu'à son dernier jour, Nostradamus repose dans l'église de Saint-Laurent, à Salon, où il mourut le 2 juin 1566, âgé de 62 ans 6 mois et 17 jours (*a*).

(*a*) La reproduction intégrale ou partielle de cette INTRODUCTION est autorisée, à la charge de mettre en tête ces mots : « Extrait des *Portraits prophétiques de Napoléon III, Pie IX et Henri V* S'adresser à M. l'abbé Torné Chavigny, curé de Saint-Denis-du-Pin, près Saint-Jean-d'Angely (prix 0 fr. 75).

NAPOLÉON III

I.

Ses noms et marques, son origine, son portrait moral et son rôle dans le monde.

Napoléon III, du même nom que le *premier antechrist*, l'*Apolyon* de l'Apocalypse, est le *second antechrist*, la *bête* de l'Apocalypse *dont le nombre est 666* par le *nombre de son nom* et le *nombre de son caractère*. En effet, le nombre qu'expriment les lettres du mot Napoléon est, en grec, 366, et le nombre qu'exprime la lettre T, le caractère du mal dans les amulettes comme désignant Typhon, est 300. Nostradamus appelle *Typhon* celui qu'il nomme aussi *Napaulaion roi*. Il l'appelle 8 fois *neveu* et *neveu du sang* comme fils d'un frère de Napoléon Ier. Il l'appelle *empereur pacifique* pour le temps où, avant de monter au trône, il a dit : « l'Empire, c'est la paix ! » et 2 autres fois *empereur*. Il le désigne 5 fois par le mot *tyran* comme ayant un pouvoir absolu et usurpé, et 20 fois par le mot *mars*, parce qu'il ambitionna la gloire des armes et régna par la force brutale.

De sang *corse*, Louis-Napoléon naquit à Paris, le 20 avril 1808. Son père régnait alors en Hollande. Par suite de querelles de famille au sujet de cette naissance, le père abdiqua, le 1er juillet 1810. Louis-Napoléon fut baptisé à Fontainebleau, le 10 novembre suivant. Il eut pour parrain Napoléon Ier qui l'avait déclaré son héritier. Le 20 mars 1811, naquit le *roi de Rome;* l'empereur n'en conserva pas moins auprès de lui son neveu de qui il est dit : « Garde toy roy gaulois de ton neveu Qui fera tant que ton unic fils Sera meurtry à Vénus faisant vœu... » Le fils, condamné à l'inaction, mourut à Schœnbrun, le 22 juillet 1832, à l'âge des passions. Depuis deux ans, le neveu au contraire, usant de sa liberté, s'était mis à la tête des révolutionnaires italiens, puis était parti pour se mettre à la tête des révolutionnaires polonais. Il s'était déclaré le continuateur de l'œuvre napoléonienne dans le monde.

Secteur des sectes secrètes, il devait être plus tard *le boute-feu, le chef du mal*, et se montrer *forbe, proditeur* ou traître. Coiffé des principes anti-sociaux, il parla, *habillez en vilain*, de gouverner par le paysan et le prolétaire. C'est à lui qu'on doit l'*Internationale* qui se révéla à Lausanne : « Puanteur grande sortira de Lausanne qu'on ne scaura l'origine du fait ». Il a soulevé le flot révolutionnaire en Italie, en Espagne, en Portugal et jusqu'en Amérique, où les Fenians déclarèrent le prendre pour chef. Il est *plus boute-feu* qu'homme versant par lui-même le sang. L'*orgueilleux*, à Sédan, *s'échappe* et *fuit en lieu sûr*. C'est un *loup sous une peau de brebis*, c'est le *si faux ante-christ*. Il n'a *jamais* été *saoul de demander*. Ses guerres ont fondu dans le trésor public tout l'or et l'argent. Le grand crédit et l'abondance de l'or et de l'argent avaient aveuglé l'honneur cherchant à satisfaire les passions les plus honteuses, et l'on a connu l'adultère...

Le règne et loy de Vénus et non le règne et loy du soleil de Justice s'établirent avec lui grâce à ses exemples et à ses excitations. La Presse grande et petite (« *ne sera pire journaux qu'advint* », que le *Siècle* d'Havin) ; le théâtre, les cafés chantants, les cabarets multipliés de toutes parts combattirent les principes sociaux et religieux, quand le Souverain laissait dresser, à Paris, la statue de Voltaire, nier dans la chaire de l'État la divinité de Jésus, l'immortalité de l'âme, enseigner le matérialisme et l'athéisme. Le résultat de ces exemples et de ces excitations furent la haine de la Religion, la ruine de la famille, la division entre les plus proches voisins, la perte de tout esprit patriotique, la révolte contre la naissance, le talent, la fortune et la puissance : le paysan brûla M. de Moneys, et le prolétaire brûla les Tuileries, *le royal édifice*. Il avait déchaîné la licence tout en tenant Paris dans des liens plus serrés que jamais pour le maintien de l'ordre matériel, et Paris lui échappa. Tout en conservant bénigne la servitude volontaire où le peuple du suffrage universel s'était mis lorsqu'il demanda au pouvoir absolu de le protéger contre Paris, la ville des révolutions, il avait enchaîné la liberté sainte des enfants de Dieu. Ceux-ci poussèrent de hauts cris, que le Souverain feignit de ne pas entendre, mais qui furent entendus de Dieu.

Ayant même *esprit de règne* que son oncle, le neveu gouverna avec un pouvoir absolu. S'il parla un jour de remplacer l'empire autoritaire par l'empire libéral, ce fut pour faire endosser à la nation la responsabilité des grands événements qu'il avait rendus inévitables, car il ne tenait compte ni de l'opinion publique ni des vœux des grands corps de l'État et des municipalités; et cependant il faisait toujours du suffrage universel la base de son action révolutionnaire : « *cette bête,* dit l'Apocalypse, *appelle tous les hommes petits et grands, riches et pauvres, libres et esclaves, à avoir le caractère de la bête à la main droite ou au front* ».

L'état où Napoléon III laisse la religion, le monde, la patrie et sa propre famille, fait que le grand prophète s'écrie : « Onc en règne n'en survint un si pire! »

II.

Sa jeunesse, ses fautes, ses échauffourées de Strasbourg et de Boulogne, sa captivité à Ham, sa fuite, son retour d'Angleterre, son élection à la présidence, son coup d'État, son arrivée au trône et son mariage. La guerre d'Orient. L'affaire du *Cagliari*.

Louis-Napoléon, né à Paris, et le prince Napoléon, né à Trieste, celui de ses cousins qu'il a déclaré son héritier, sont *les deux neveux en divers lieux nourris.* Après Waterloo, les *frères* de Napoléon Ier s'exilèrent. Le prince Louis habita avec sa mère Genève, Aix en Savoie, le duché de Bade, la Bavière, la Suisse, Rome, et enfin Arenenberg près de la Forêt-Noire (*Négrisilve*) et d'*Arbon*. C'est de là qu'il fit son échauffourée de Strasbourg, le 28 octobre 1836.

Philippe ayant envoyé chercher sur le *roc* de l'*isle élène* les *os du triumvir* ou du premier des trois Consuls pour le faire reposer, selon son *testament*, sur les bords de la Seine, au milieu de ce peuple tant aimé, avait-il dit (*les os du d'Amant et Pselin*), le prince Louis *ne se tient en repos* en Angleterre. Il débarque à Boulogne, le 6 août 1840. Là, le chef des insurrections d'Italie et de Pologne, l'écrivain socialiste, parle d'ordre et de gouvernement ferme. « Les cendres de l'Empereur ne reviendront que dans une France régénérée! Lorsqu'on a l'honneur d'être à la tête d'un peuple comme le peuple français, il y a un moyen infaillible de faire de grandes choses : c'est de le vouloir. Je veux... Je veux... » : « Dedans Boulogne voudra laver ses fautes, Il ne pourra ; au temple du soleil Il volera faisant choses si hautes, En hiérarchie n'en fut onc un pareil. » On le verra plus tard s'élever au trône de France sous le symbole de l'*aigle*, qu'il avait avec lui à Boulogne, et régner avec le pouvoir le plus absolu qui fut jamais. Prisonnier, il est condamné à la prison perpétuelle. *Déserteur de la grande forteresse* de Ham d'où *il défaille en habit de bourgeois*, le 26 mai 1846, le prince *tente* d'obtenir du *Roi* son adversaire la grâce de ceux qui partagèrent sa captivité pour l'avoir aidé dans son échauffourée de Boulogne.

Deux ans après, en l'année 1848 désignée par le prophète, le pouvoir législatif abaissait le pouvoir exécutif, le *monde* intervenait dans la lutte, Lamartine fixait des *bornes* à la Révolution en refusant le drapeau rouge, et le *neveu, souriant* à l'avenir, accourait d'Angleterre, pays qui a les *licornes* dans ses armes. *Philippe* était tombé, *18 fois 12 lunes après que le coq eut effacé la fleur blanche. La couronne avoit été posée par mains d'ouvriers... mais le roi du peuple n'étoit pas bien assis et Dieu l'avoit jeté bas. Hurlez, fils de Brutus, appelez sur vous les bêtes qui vont vous dévorer.* La province marche sur Paris. Mgr Affre meurt sur les barricades pour *rendre témoignage à la parole de l'Agneau* (*Apoc.*) : « Le bon pasteur donne sa vie pour ses brebis ». La guerre civile s'apaise, et l'on voit *les deux ailes d'un grand aigle*.

Elu représentant du peuple par cinq départements, le prince Louis dit à la tribune, quand on le sonde au sujet de la présidence : « Je ne répondrai pas à ceux qui voudraient me faire parler alors que je veux me taire... » Il écrit au nonce : « Le maintien de la souveraineté temporelle du chef vénéré de l'Église catholique est intimement lié à l'éclat du catholicisme. » Elu président, il prêtera un serment qu'il violera selon la maxime de Machiavel dans son *Traité du prince*, qui veut qu'on ne dédaigne pas le rôle de Renard. N'ayant que des dettes, il fera ses orges à la présidence, tout en se nourrissant de pain d'orge (*sic*) : « Esleu sera Renard ne sonnant mot, Faisant le saint public vivant pain d'orge, Tyranniser après tant à un cop, Mettant à pied des plus grands sur la gorge ». Il avait laissé poursuivre l'expédition romaine, commencée par Cavaignac ; mais sa lettre à Edgar Ney, témoigna que l'*élu ne serait trop conforme aux* vœux des *Romains*. Une des *sept testes* de la révolution italienne venait d'être blessée à mort, il lui rendra plus tard la vie. Après des demandes réitérées de crédit pour payer les dettes de la présidence, le coup d'État a lieu, le 2 décembre 1851. Le plus grand des pouvoirs de l'État est pris au collet, foulé aux pieds, jeté en prison. Le suffrage universel, qui admettra toujours le fait accompli, réélit le prince président pour dix ans. Celui-ci dit à Bordeaux : « L'Empire, c'est la paix ! » et le 1er décembre 1852, le suffrage universel porte au trône l'*empereur pacifique*. Durant *sept ans*, il donnera des gages à l'ordre et à la religion, *le peuple le faisant aller droit*; mais, un an après son arrivée au trône, la paix aura déjà fait place à la guerre.

Napoléon III épousa, à l'âge de 45 ans, le 29 janvier 1853, Eugénie de Montijo, âgée de 25 ans, de petite noblesse et pauvre, qui arriva à ses fins en refusant à l'*empereur pacifique* d'être moins que son épouse. Elle devait être plusieurs fois régente durant les événements les plus désastreux pour la patrie et la religion.

Un peu avant ce mariage (octobre 1852), le poëte des *Châtiments* avait dit :

> Qu'il soit le couronné parce qu'il est le pire ;
> Le maître des fronts plats et des cœurs abrutis ;
> Que son Sénat décore à sa race l'empire
> S'il trouve une femelle et s'il a des petits.

C'était se rencontrer étrangement avec le prophète qui a dit au milieu de 24 vers sur Napoléon III.

> De terre faible et pauvre parentelle,
> Par bout et paix parviendra en empire ;
> Longtemps régner une jeune femelle,
> Qu'oncques en règne n'en survint un si pire.

Nostradamus parle aussitôt des *deux neveux en divers lieux nourris* qui, s'étant *élevés si haut* au milieu d'hommes *aguerris*, *viendront venger*, diront-ils, l'*injure* faite à leur nom par le bombardement de Sinope accompli en présence de leur flotte, le 30 novembre 1853. L'*ennemi succombera* avec Sébastopol.

L'union feinte de la France et de l'Angleterre fut formée pour secourir le grand d'Orient en frayeur des Russes et en crainte des Grecs révoltés, soutenu par Napoléon III, l'élu nouveau, et par le *grand Temple* (Palmerston, de la famille des Temple), le Turc triompha. Ceux qui, unis, portèrent leurs armes vers le pôle artique, à Bomarsund et à Petropauloski, entrèrent en défiance et mirent des soldats aguerris dans des vaisseaux de construction changée et transformée. Le *neveu à Londres par paix feincte meurtry* laissa l'Angleterre peser sur sa politique européenne. Il avait poussé le Piémont à envoyer quelques soldats en Crimée pour lui faire avoir place dans les conseils de l'Europe et, au congrès de Paris qui suivit la guerre d'Orient, il anima et fit parler la Révolution italienne sans pouvoir être entendu.

Le 25 juin 1857, le bateau à vapeur le *Cagliari* partit de Gènes, et, sous acte feint d'un service périodique de passagers, il débarqua des rouges dans le royaume de Naples. Pris comme pirate par la croisière napolitaine, ce bâtiment commit dans son affaire le Piémont en colère contre l'absolutisme de Naples et l'Angleterre avare. Après un an de pourparlers, l'Angleterre, comprenant que la paix européenne allait être troublée, se contenta d'une indemnité pour ses nationaux et força le Piémont à céder. Durant ce procès le grand pontife Pie IX forma une seconde armée, celle de l'occupation française ne lui inspirant plus une confiance absolue car le Piémont venait de s'allier à la France.

III.

Conspiration d'Orsini. — Guerre d'Italie. — Annexion de la Savoie à la France. — Castelfidardo. — Aspromonte. — Convention du 15 septembre. — Encyclique.

Voici à peu près textuellement les deux récits en douze vers sur la conspiration d'Orsini. Le prophète y déclare que, sauvé là par Dieu, l'empereur est parti de là pour perdre la société et l'Église.

Sera laissée dedans des globes le feu vif par explosion mort tant qu'il reste cache. Chose horrible, épouvantable! De nuit, les citoyens étant en masse, il sera lâché en poudre. La cité dans le feu de l'inquiétude reconnaîtra que l'ennemi a été favorable à sa victime en lui ralliant les partis. — L'auvent de l'Opéra aura été percé d'outre en outre Piéri, l'ami d'Orsini, aura été fait captif un peu avant ce fait né de la démagogie socialiste à la barbe et à la chevelure longues. Orsini, le chef, sera pris par des paroles astucieuses ayant été attrapé par les éclats d'une bombe meurtrière. — Le souverain français blessé à l'œil dans le conflit en regardant la mort qui abat les siens auprès du théâtre (en latin *cavea*), au milieu des morts et des blessés, d'ennemis qui le presse, sera secouru sans qu'on puisse dire comment dans cet attentat commis par quatre étrangers, cachés sous de faux noms (V... 8-10).

Ce sont des démagogues exilés en Angleterre qui, par colère et haine personnelle, auront fait cette grande conjuration contre l'autorité d'un seul. Les Anglais, éternels ennemis de la France, auront gardé le secret de la mine qui devait faire sauter l'empereur. Ses vieux officiers parleront d'aller en Angleterre chercher par la force les autres conjurés. — Les actes de ceux de la bande retenue loin de la patrie qui captifs des chefs d'États monteront à l'échafaud en chantant comme Piéri ou qui adresseront du fond de la prison comme Orsini, des lettres pour la liberté de leur patrie, seront reçus plus tard, par les forcenés du parti pour des *actes de martyrs*, car la requête d'Orsini aura contraint l'empereur à mettre au service de la Révolution les grandes forces militaires de la France. Des guerres sans fin commencent. Le sang coulera à grands flots. Le pouvoir temporel protégé par l'empereur sera renversé par lui au moyen d'Italiens qui ne voudront rien entendre aux concessions que le pouvoir temporel de l'Église fera à l'esprit de l'époque. (I... 13-15.)

Le Piémont met l'Italie en feu. La bête sortie de la terre vient animer et faire parler la bête sortie de la mer. Le général Niel et divers autres explorateurs disposent tout en Italie pour la guerre. Le prince Napoléon enlève de Turin, à peine la bénédiction nuptiale donnée, la fille de Victor-Emmanuel. Napoléon III dit que le passage du Tessin par l'Autriche sera une déclaration de guerre à la France. Les soldats de l'armée de Paris accourent à toute vapeur. Les uns passent les Alpes, les autres entrent en Italie par Gènes. Dans les calendes de mai, Florence est en feu : le Grand-Duc refuse d'unir ses armes à celles du Piémont. Il tombe en montant en voiture pour l'exil. Parme chasse, rappelle et chasse de nouveau son chef. La Romagne se détache du Saint-Siége. Les soldats de l'Empereur d'Autriche, puîné de la maison de Lorraine, passent le Tessin et entrent le même jour, à Vigevanno, fort château où ils séjourneront jusqu'à ce que la bataille de Magenta les ait forcés de rebrousser chemin, Milan avait des intelligences avec Verceil.

L'Empereur débarque à Gènes où se trouvait déjà son armée. Les turcos et les zouaves campaient en dehors de la ville. Il vient faire tuer tous ceux qui n'adoreront pas la bête ou son image. Il va faire des prodiges en présence de la bête jusqu'à faire descendre le feu du ciel en foudroyant d'en haut les Autrichiens par ses canons rayés employés pour la première loi. Il a l'apparence de l'agneau, mais il parle comme le dragon. Il ne va pas, dit-il, en Italie formenter le désordre ni ébranler le pouvoir du Saint-Père, qu'il a replacé sur son trône, mais contribuer à fonder dans toute la Péninsule l'ordre sur des intérêts légitimes satisfaits. Il est alors l'ami de Victor-Emmanuel, roi de longue race, et de Garibaldi, homme sans naissance. Victor-Emmanuel s'emparera de Rome sur Pie IX, et Garibaldi s'emparera de Rome sur Victor-Emmanel. Le peuple avait fait marcher droit l'Empereur durant sept ans. Durant deux ans, il va abandonner sa ligne de conduite. Après les événements accomplis durant ces deux ans, il voudra, dira-t-il, le *statu quo*. La Révolution continuera sa marche.

Mac-Mahon sauve, à Magenta, *Napaulaion roi* qui apparaît sans combattre à *Buffalorre* et qui entre sans coup férir dans Milan insurgé contre l'Autriche. Le prince Napoléon est à Florence à la tête d'une armée qui reste inactive tandis que l'Empereur est à Solférino sur le territoire de Mantoue près du Tyrol dépendant de la Confédération germanique. L'Empereur d'Autriche s'écrie : « C'est ici le tombeau des Français ! » Il est vaincu par l'artillerie. On lui offre la paix à Villafranca en le menaçant de faire franchement appel à la Révolution. La paix est signée au moment où la Confédération germanique allait s'ébranler en faveur de l'Autriche. Napoléon III n'a point voulu compromettre le succès acquis. Il revient sur sa parole de rendre l'*Italie libre des Alpes à l'Adriatique.* Venise reste à l'Autriche, Rome au Pape, Naples au roi Bourbon, mais le loup caché sous la peau de brebis lance l'*escript d'Empereur, le Pape et le Congrès* qui donne une vie nouvelle à la Révolution en empêchant la réunion du Congrès et en déclarant que pour sauver l'Église on ne doit laisser au Pape que le Vatican et un jardin.

L'armée de Napoléon avait séjourné dans la Lombardie où

elle entretenait le feu de la Révolution. L'empereur ou Mars, la planète malfaisante, signe de mensonge et de fausseté, étant à son plus haut beffroi, annexe à la France la Savoie sous prétexte qu'elle a appartenu à la France, qu'on y parle français et qu'elle est en deçà des limites naturelles de la France. Cette annexion a lieu quoique la Lombardie se soit soulevée contre l'aigle d'Autriche en demandant l'unité italienne. Le sort de l'Italie entière a été réglé lors de cette annexion, car le prophète dit aussitôt que la grande ruine des personnes consacrées à Dieu est proche dans le Piémont, à Naples, en Sicile et à Rome.

L'aigle de France reste uni au coq piémontais (Gaulois du nord de l'Italie). Garibaldi part de Gênes avec des Hongrois et, comptant sur la défection de l'armée à Naples, il pousse le cri horrible de *Italie une!* Il veut Naples, Palerme, Ancône, Rome et Venise. Il s'empare de Palerme et passe dans le royaume de Naples. François II, abandonné de l'armée, se réfugie dans les tours de Gaëte près de Linterne. Ce roi constitutionnel, renfermé avec ses gens, triompherait de Garibaldi ; mais à Chambéry, l'empereur a dit à Cialdini : *Faites et faites vite!* Le tombeau des zouaves pontificaux est préparé à la fois du côté de Rome et du côté d'Ancône. Ils passent les Apennins et sont écrasés à Castelfidardo. Cialdini, à la barbe noire et crépue, fait dresser un trophée sur le champ de bataille. Il périra dans une guerre contre la France sous Henri V. Ancône se rend, Cialdini joint ses troupes à celle de Garibaldi; la flotte piémontaise est devant Gaëte. Napoléon III écrit à François II de cesser toute résistance. Il retire sa flotte pour l'obliger à se retirer. La flotte piémontaise bombarde Gaëte. François II s'embarque sur le petit bateau que l'empereur tenait à sa disposition. Le Piémont avait fait *pour l'aigle la menée.*

Victor-Emmanuel fit son entrée à Naples, ayant dans sa voiture Garibaldi dont il avait désapprouvé la conduite lors de son expédition en Sicile. Désavoué encore quand il parla d'aller à Rome, Garibaldi compta que l'approbation royale suivrait encore le succès de son entreprise et il cria : *Rome ou la mort!* Cet éclair précurseur de la foudre qui frappera Pie IX fut dans tout son éclat par l'entrée de Garibaldi à Mélito, mais elle s'éteignit subitement à Aspromonte où le roi de Sardaigne avec les soldats du camp de Saint-Maurice la traita d'une façon décevante. Le protestantisme de Londres, qui voulait l'unification de l'Italie sous le sceptre de Victor-Emmanuel, parut trahir ce roi en favorisant de Malte l'expédition de celui qui le combattait.

On publia que le roi d'Italie avait ainsi donné les plus grands gages à la cause de la religion et de l'ordre, et l'on fit la Convention du 15 septembre (1864) qui réglait les affaires du Pape sans le Pape. Victor-Emmanuel s'engageait à rester « *roy à Florence* ».

Pie IX répondit à l'acte de la Convention par l'Encyclique. On trouvera à son *portrait* la prophétie qui concerne ces deux actes.

La guerre du Mexique, l'agitation française en Algérie, la guerre des duchés d'où la Révolution allemande et la guerre avec la Prusse devaient naître, l'opposition demandant la liberté et le contrôle, etc., tout avait forcé l'empereur à laisser dormir la *question romaine*. Je disais alors : le *statu quo* durera autant que l'Empire.

IV.

Guerre du Mexique. — L'Algérie, royaume arabe. — Guerre des Duchés.— Alliance de la Prusse et de l'Italie pour le triomphe de la Révolution : Sadowa, Custozza, Lissa. — Venise cédée à l'Italie par l'intermédiaire de Napoléon III.

Dès qu'on parla d'un différend avec le Mexique, je dis en interprétant le quatrain sur la guerre portée « Dessoubs *le tropique du* cancer » : l'empereur déclarera la guerre. Il sera l'allié de Victoria qui règne, mais ne gouverne pas. Les Anglais de l'*union feincte* nous abandonneront. Nous serons vainqueurs, mais cette guerre sera calamiteuse; elle préparera le retour d'Henri V qui sera sacré et pacifiera la terre en faisant fleurir partout la religion. C'était dire que Napoléon III persécuterait la religion au Mexique, ce qui amènerait un dénouement calamiteux. En effet, il força Maximilien à décréter une loi de réforme qui lui aliéna tous les esprits. C'était dire qu'on reprocherait cette calamiteuse guerre à Napoléon III jusqu'à sa déchéance.

L'empereur avait déclaré à Alger (15 septembre 1860) que l'Algérie était un *sol à jamais français*. Il déclara plus tard (le

6 février 1863) par *lettre*, que l'Algérie était un *royaume arabe* et qu'il était *empereur des Arabes*. Puissant en France, il tranchait toute question par caprice. Je n'en publiai pas moins alors sur les journaux qu'il serait forcé de laisser l'Algérie devenir terre française à la suite de *lettres* ou pétitions des Algériens français. En effet, le 15 mai 1865, l'empereur dit, à Alger : « Les Arabes font partie désormais de la grande famille française ». Durant cette *absence* de son époux, Eugénie avait été régente. Elle avait auprès d'elle le prince Napoléon (*fils de roi*) que l'empereur avait nommé vice-président du Conseil privé...

Alors se préparait la Révolution allemande décidée à Biarritz entre Napoléon III et Bismark. Palmerston avait dit : L'affaire des Duchés sera l'allumette qui mettra le feu à l'Europe. Nostradamus avait été plus précis en disant : « Le boutefeu par son feu attrapé (v. 100). » L'Autriche, unie à la Prusse, avait réclamé du Danemark le Schleswig-Holstein comme faisant partie de la Confédération germanique. L'Europe aurait réglé pacifiquement cette affaire mais la France s'y était opposée (janvier 1864). Le *vieux Meza*, commandant les forces danoises, combattit, et, écrasé par le nombre, *s'échappa du milieu de ceux de Hesse, de Saxe et de Thuringe*. Il se retira dans l'île d'Alsen, plein de confiance dans les défenses naturelles de son pays; mais, vaincu de nouveau, il rendit la paix nécessaire. La Prusse retint les duchés pour elle L'Autriche les réclama pour la Confédération. De là, la guerre entre les alliés (juin 1866).

L'Italie, en paix avec l'Autriche, prend parti pour la Prusse, du consentement de la France. En présence de l'Autriche, l'Italie sera sans force à Custozza, et son vaisseau amiral le *Re d'Italia* sera coulé à Lissa ; mais l'Autriche n'aura pu opposer toutes ses forces à la Prusse et sera vaincue à Sadowa. Elle ne fera plus partie de la Confédération, qui se range sous les lois de la Prusse ; elle se retirera de l'Italie en abandonnant Venise, non à l'Italie vaincue, mais à Napoléon III, l'âme de toute cette affaire.

On a mis hors toute la gent loingtaine : l'Italie est libre des Alpes à l'Adriatique, car l'Empereur a donné Venise à son ami le roi d'Italie qui *dans Venise perdra sa gloire fière*. Les Italiens sont irrités de tenir Venise de la France. Des insurrections éclatent, et Mazzini recommence à Lugano ses menées républicaines.

L'Empereur s'enorgueillit du succès de sa politique. Il dit : La France a arrêté la Prusse à Sadowa, a donné Venise à l'Italie sans tirer l'épée. Le prophète répond : Paris ne tient plus tant. 73 ans et 7 mois après le meurtre de Louis XVI, Paris devait cesser de tenir tant. Le traité de Prague, signé le 24 août 1866 (73 ans 7 mois après le 21 janvier 1793), fit passer le centre d'action européen de Paris, à Berlin. Bientôt *Paris ne tiendra plus*, dit encore le prophète : L'armée de Berlin assiégera Paris.

V

Révolution espagnole. — Guerre de Prusse. — Captivité de l'empereur. — Défense nationale. — La Commune. — Rappel de la loi d'exil — Restauration de l'empire. — Guerre d'Angleterre. — Biarritz. — Napoléon IV. — Fin des guerres civiles.

Napoléon III avait préparé l'unité italienne avec Cavour à Plombières ; l'unité allemande avec Bismark, à Biarritz ; il prépara l'unité ibérique avec Prim, à Vichy. En forçant la reine d'Espagne à reconnaître le royaume d'Italie comprenant les Etats de l'Eglise et ceux du Bourbon de Naples, il lui avait aliéné l'esprit de ses sujets. Cette reine vint bientôt lui demande un asile, alors qu'il était en Navarre ; il l'établit à Pau, berceau de la famille des Bourbons. On lisait alors à Madrid au balcon des Montijo : *A bas les Bourbons!* Le *tyran qui cherche à frauder son Roy* Henri V ne voyait plus, en Europe, un seul Bourbon au trône ; mais le flot révolutionnaire qu'il avait soulevé partout allait l'engloutir. La guerre éclatera entre Germains et Gaulois au sujet du trône espagnol, dit le prophète.

L'acceptation de la couronne d'Espagne par le prince Hohenzollern fut un *casus belli* entre l'empereur et le roi de Prusse. Celui-ci, en vue de la paix, porta son parent à renoncer à cette couronne. Mais l'empereur s'etait trop avancé pour reculer. Bismark lui avait promis les frontières du Rhin s'il laissait unifier l'Allemagne sous le sceptre du roi de Prusse, et, une ois cette unité faite, il lui refusait depuis trois ans la *terre de Luxembourg*. L'empereur était depuis lors à genoux devant l'Europe, a dit M. Ollivier. Il fallait le mettre sur un bon pied : le plébiscite du 8 mai (1870) l'amnistia des fautes passées. On crut à un Sadowa français. L'empereur alors trahit la parole qu'il venait de donner pour sortir de l'urne, : *Oui*, c'est la paix à l'extérieur, la liberté à l'intérieur; *non*, c'est la Révolution. Il déclare aussitôt la guerre, met la France en état de siége et porte à la frontière le drapeau de la Révolution en chantant lui-même la *Marseillaise*. La Prusse était là avec l'*Allemagne du Nord et l'Allemagne du Sud*. En prévision de la lutte, elle avait fait les plus *grands efforts*. L'empereur fit simuler une attaque à Saarbruck, uniquement pour que le prince impérial reçût le baptême de feu : « Feu couleur d'or du ciel en terre veu, Frappé du haut, nay fait cas merveilleux, Grand meurtre humain prinse du grand neveu: Morts d'espectacles eschappé l'orgueilleux ». Le vaincu de Forli, le prisonnier de Strasbourg et de Boulogne, celui qui perdait l'armée à Magenta, s'était obstiné à garder le commandement de toutes nos forces, malgré son incapacité. A Sédan, après un grand meurtre d'hommes, il échappe sain et sauf d'entre les morts qu'il s'est donné en spectacle. Mac-Mahon voulait mourir. « Laissez-moi, disait-il, montrer à ces rois, à ces princes qui se cachent derrière leurs masses d'hommes, comment un maréchal de France sait combattre et mourir, quand il ne peut plus vaincre! » (« Peres et fils Roys n'oseront approcher »). Il fut grièvement blessé. Dieu garde, pour en faire le « *connestable* » prédit, ce *chef anglois*, *prince anglois issu de Caraman* par sa mère.

Le grand empire a été tost désolé et translaté près d'Arduenne silve. L'empereur, fait prisonnier près de la forêt des Ardennes, a été transporté aussitôt à l'étranger, et son Empire a passé entre les mains de la nation. Mis en telle chasse sur tous les champs de bataille par la Prusse, il est éclipsé pour un temps ainsi que son fils. Sa statue, portant l'inscription : *L'Empire c'est la paix*! a été jetée dans la Garonne.

Tous les partis s'unissent pour la défense nationale : « Bien défendu le fait par excellence, Garde-toy, Tours, de ta propre ruine... » L'intervention anglaise, les armements volontaires des Vendéens et des Bretons, empêcheront les Prussiens de pousser leur avantage au delà de la Loire. Mais le gouvernement de la guerre à outrance est forcé d'errer de Paris à Tours, de Tours à Bordeaux. Il perd la raison, Garibaldi lui paraît être le soleil propre à éclairer la nuit sombre où nous sommes. Le *pourceau* d'Epicure vient avec son fils à *Châlon et Mâcon*, moins pour livrer la guerre aux Prussiens qu'aux principes sociaux et religieux. De toutes parts on entend *parler* de véritables *bêtes brutes*. Un jeune ministre de la guerre compromet tout, en voulant tout diriger. Il faudra se rendre aux mains des ennemis. Paris, assiégé de toutes parts, est défendu par l'armée de mer; cette ville ne compte plus sur les armées de secours ; la force de l'armée prussienne et la sédition qui éclate dans Paris troublent le grand chef Trochu. La France demande la paix. On se réunit aux cantons ; on vote l'annexion de la Lorraine et de l'Alsace à l'Allemagne du Sud unie à l'Allemagne du Nord. Les avocats de l'Assemblée nationale proclament à Bordeaux la déchéance de la dynastie napoléonienne. L'ensemble de maux impossibles à supporter les replacera dans les serres de l'aigle.

La crête de la Montagne est maîtresse dans Paris, qui veut être *cité libre* dans la France libre L'armée de mer s'est repliée sur Versailles. Les citoyens ont pris des otages qu'ils feront mourir. L'armée revient et prend Paris d'emblée. *Quel tremblement de terre dans le mois de may !* La place du crime est purgée par le feu. Les Tuileries de Napoléon III, le Palais-Royal du prince Napoléon et l'Hôtel-de-Ville sont la proie des flammes, qui respectent la Sainte-Chapelle surmontée de la statue de saint Michel. Dieu veut montrer qu'il punit et pardonne. Lors que la crête de la Montagne s'établissait au pouvoir (18 avril), le soleil allait entrer au signe du Bélier. Tant qu'il parcourut ce signe et celui du Taureau, il brûla un sol desséché. Quand il passa au signe des Gémeaux, des pluies abondantes rendirent la fertilité à la terre. Il va parcourir le Cancer, le Lyon et la Vierge en brûlant tout de nouveau.

Quand le soleil parcourait le signe des Gémeaux, la loi de bannissement avait été rapportée. Celui qui ressemble à l'Agneau de Dieu pouvait rentrer en France : « L'an que Saturne sera hors de servage, au franc terroir sera d'eau inondée... L'an que Saturne en eau sera conjoinct avec sol, le roy fort et puissant... Par quarante ans l'Iris n'apparoistra, Par quarante ans tous les jours sera veu, La terre aride en siccité croistra, Et grand déluge quand sera apperceu... Le roy de Bloys... le roi blanc... » (Saturne, exilé, établit l'âge d'or sur la terre. *Annus*, an, époque *W*.)

« *Français*, vous m'avez ouvert les portes de la France... Je quitte ce Chambord que vous m'avez donné, et dont j'ai porté le nom avec fierté, depuis quarante ans, sur les chemins de l'exil. En m'éloignant je tiens à vous le dire, je ne me sépare pas de vous, la France sait que je lui appartiens. (Il l'épouse)... Croyez-en ma parole d'honnête homme et de roi... Henri V ne peut abandonner le drapeau blanc d'Henri IV. »

Les d'Orléans ne parlent plus de fusionner avec le roi du drapeau blanc. Les dernières élections ont triplé les forces du parti républicain à l'Assemblée. On va poser au peuple la question *République ou Monarchie*. Il répondra : *Empire*. Il se remettra sous la protection bénigne et volontaire de Napoléon III par crainte de Paris la *cité libre*, sans tenir compte du droit divin des rois.

De retour, l'Empereur, pour redorer son aigle, prendra parti contre l'Angleterre dans la *question d'Orient*. Les Anglais perdront l'Inde, mais triompheront sur mer.

L'événement de Biarritz sur lequel il faut jeter un voile pudique obligera le neveu à faire la paix (*a*). Il abdiquera en faveur de son fils.

Les révolutionnaires déploieront le drapeau rouge à Paris, Henri V déploiera le drapeau blanc à Marseille. Napoléon IV disparaîtra dans les événements, et son père achèvera de mourir en voyant la ruine de sa maison et le triomphe du droit.

(*a*) Nostradamus, pour ajouter à la force de sa prophétie, a puisé dans les livres, qui devaient tomber sous la main de son Traducteur, les expressions mêmes dont il s'est servi. Il a emprunté à V. Hugo, son portrait de Richelieu, la longue tirade de Frederic Barberousse pour l'appliquer à son ænobarbe, les vers sur le mariage de l'empereur et ceux-ci composés en 1852 (LE BORD DE LA MER) :

Harmodius : La nuit vient *Vénus* brille,
L'Épée : Harmodius ! c'est l'heure...
Ne *frappe* pas au cœur tu n'y trouverais rien.
La Loi : J'étais la loi, je suis un spectre. Il m'a tuée.
La Justice : De moi prêtresse, il fait *une prostituée*.
Harmodius : Quoi ! le frapper, la nuit, rentrant dans sa maison !...

Nostradamus avait dit : « Entre Bayonne et à saint Jean de Lux., sera posé de Mars le promontoire... Nanar (prostituée) ostera lux au lict... Vénus, la lune apparoissant de plénitude blanche... Neptune de Mars frappé par la gravée blanche ».

PIE IX

I.

Son origine et ses noms ou marques. — Son élection, son caractère et ses réformes. — La Salette. — Révolution de 1848. — Gaete. — Restauration. — Gouvernement chrétien.

Jean-Marie, des comtes Mastaï-Ferretti, né à Sinigaglia, le 13 mai 1792, fut élu pape le 16 juin 1846. Il avait été évêque d'Imola. Nostradamus nomme 2 fois cette ville, et c'est dans des récits sur Pie IX. Il le désigne, 9 fois par le mot « Lyon », parce qu'il a pour armes le *lion*. Il l'appelle 2 fois le grand pontife, 2 fois le chef de nef ou de la Barque de Pierre. Sa monarchie est celle du grand pescheur. Il est le Phénix qui renaît de ses cendres. Comme la France releva, maintint et détruisit le pouvoir temporel de l'Église et que Dieu protégea et frappa la France en raison de cette conduite, le prophète français et catholique mêle les grands faits de l'Église aux grands faits de sa patrie. *L'Histoire prédite et jugée* de Pie IX est disséminée çà et là dans l'œuvre prophétique, mais elle est tout aussi précise, tout aussi *limitée* que celle des souverains français qu'on voit dans des récits *tout au long*.

Le jour de son élection, Pie IX écrivit à ses frères : « Dieu a voulu élever ma misère à la plus sublime dignité de cette terre ». Nostradamus avait dit : « L'Église sera à sa plus haute et sublime dignité » en parlant de ce pape déclaré infaillible et qui personnifie l'Église. Il l'appelle l'abbé de foi qui confirmera ses frères dans la foi. Il dit qu'il joue avec le danger, ayant trop grande foi en la protection de Dieu qu'on ne doit pas tenter. Il dit qu'il tient fort en affirmant de plus en plus son droit au pouvoir temporel et spirituel et que ni la persécution morale ni la persécution matérielle ne peuvent rien sur lui ; qu'il a la force du Lion et la douceur de l'Agneau ; qu'il pleure comme Jésus dont il partagera la mort et que l'abondance des larmes répandue coule sur les maux de l'Église et de la société ; qu'il a fait l'impossible pour prévenir ces maux, mais que les révolutionnaires n'ont rien voulu entendre à ses réformes.

La Vierge des vierges se montra à deux enfants dans la terre qui lui est consacrée, trois mois après l'élection de Pie IX. Elle reprocha à la France d'être redevenue païenne et de laisser éteindre le feu sacré. Nouvelle Pandore, elle avait en main, dit Nostradamus, la boîte d'où s'échappent tous les maux, et la *vigne* fut *mastinée* ou maudite. Nous verrons que Dieu dans sa bonté multipliera de nos jours les prodiges afin que les élus ne soient pas séduits par les puissances de l'enfer : le dragon ou Louis-Philippe et la bête de l'Apocalypse ou « *le second antechrist qui persécute l'Eglise et son vrai vicaire par moyen de la puissance des roys temporels, qui sont par leur ignorance séduicts par langues, qui tranchent plus que nul glaive entre les mains de l'insensé.* »

Louis-Philippe, augurant mal des réformes de Pie IX, avait dit : « Ce pape me fera tomber... » Il le pria pour la paix italique d'arrêter ses réformes et chercha à mettre la main sur lui. Il redoubla sa persécution sourde à l'égard du clergé de France. Mais, dit l'Apocalypse, les prêtres l'ont vaincu par le sang de l'Agneau et par la parole à laquelle ils ont rendu témoignage. Il n'était pas bien assis, dit Nostradamus dans sa *prophétie d'Orval*, et voilà que Dieu le jette bas. Le romain pouvoir fut lui aussi complétement à bas, ajoute-t-il dans ses Centuries, les révolutionnaires italiens ayant voulu imiter la France en république ; mais des dissensions de toutes sortes retarderont les folies de ces bouffons

En 1846, la comète Biéla s'était montrée entière, puis s'était partagée en deux. Pareil phénomène n'avait été observé qu'une autre fois, l'an 373 avant Jésus-Christ. Nostradamus a prédit ce fait en ajoutant que Louis-Philippe, qu'il nomme 3 fois le gros mastin, hurlera après, dans la nuit des révolutions, quand le grand pontife changera de terroir. Pie IX se retira à Gaëte en dehors des États pontificaux. Nostradamus, tenant compte des traditions, annonce les comètes dans des quatrains sur la chute des empires ou la mort des souverains.

Après dix-sept ans de règne, Louis-Philippe tomba, et sa chute amena des changements pour cinq Etats. Puis, dans le même temps, fut élu Louis-Napoléon qui ne devait être trop conforme aux Romains révolutionnaires puisqu'il renversa leur

République et aux Romains conservateurspuisqu'il voulut leur imposer sa manière de voir en fait de gouvernement : « Je résume ainsi le rétablissement du pouvoir temporel du Pape, écrivit-il à Edgar Ney : amnistie général, sécularisation de l'administration, Code Napoléon et gouvernement libéral ».

L'administration temporelle du grand pontife fut telle, dit Son Em. le cardinal Mathieu (*Sénat* mars, 1861), que, dix ans après le retour de Gaëte, la population s'était accrue dans ses États du double de ce dont elle s'était augmentée en France durant la même époque. Les impôts étaient modérés, et, cependant Pie IX paya la dette des révolutions de 1831 et de 1848, s'élevant à 200 millions et il retira le papier monnaie. Le budget de 1859 venait en équilibre. En tenant compte de la population de Rome et de Paris, on trouve 5 lits dans les hôpitaux de Rome contre 1 lit dans ceux de Paris. Rome avait 1 pauvre par 80 habitants, Paris 1 sur 15. Les écoles primaires, les universités étaient plus fréquentés et sur un meilleur pied à Rome qu'à Paris. Les emplois civils dans ce gouvernement des prêtres étaient remplis par 6,854 séculiers et 124 ecclésiastiques. Il est vrai qu'on ne tolérait pas la licence de la Presse, qu'on faisait respecter la religion et le gouvernement établi, les mœurs publiques et privées ce qui irritait ceux qui voulaient remplacer la loi et règne du soleil de justice par la loi et règne de Vénus, persécuter l'Église de Dieu, dépouiller les saints temples et amener l'enfant à mettre presque à nu sa mère la sainte Église.

II.

Union des deux bêtes de l'Apocalypse. — Pie IX double sa défense. — Guerre d'Italie. — Interdit. — Zouaves pontificaux. — Réunion des Evêques à Rome. — Convention du 15 septembre. — Encyclique et Syllabus. — Les libres-penseurs et le vendredi saint. — Mentana.

La Révolution Italienne demanda à la Révolution française de venir l'animer et de la faire parler. On rappela à Napoléon III les serments de sa jeunesse et ses premières armes faites contre le pouvoir temporel de l'Eglise. Il s'unit au Piémont durant l'affaire du *Cagliari*.

Pie IX vit le danger que lui faisait courir cette alliance et il doubla sa force contre la Révolution en organisant une armée pontificale à côté de l'armée française d'occupation.

Alors l'empereur marchait droit, faisant choses si hautes que Dieu semblait être avec lui. Ne l'avait-il pas protégé au milieu des bombes d'Orsini ? Mais il lui fallut choisir entre le poignard et l'excommunication. Il fit la guerre à l'Autriche pour livrer Rome à ses amis Victor-Emmanuel et Garibaldi. Mars cessa d'être l'allié du Lyon de Pie IX, et le Lyon fut transy de deuil. Le coq piémontais fut reçu dans la monarchie par excellence malgré les écrits de Mgr Dupanloup que Pie IX récompensa en le nommant cardinal *in petto*. La légation des Romagnes avait trompé l'espoir du pontife romain qui comptait sur sa fidélité. A partir de ce moment, l'aigle de France faiblit et le coq du Piémont prit force. Quand on verra au cercueil le grand coq, on saura quelle est la sévérité des jugements de Dieu, parce qu'alors on croira à l'*Histoire prédite et jugée*.

Le 4 mai 1862, j'avais fait le dépôt de la 22e feuille du IIe volume. On y lut : « Les souverains pontifes font usage bien rarement des armes terribles de l'excommunication, et le prophète n'en parle expressément que dans les quatrains II. 15 et 16, sur la révolution italienne : « Pise, Ast, Ferrare, Turin, terre interdicte ». Une comète apparut deux mois après dans la constellation des Gémeaux, le jour de la barque de Pierre. Or, ces quatrains portaient : « Castor et Pollux, en nef, astre crinite ». Ce jour-là, Pie IX renouvela l'interdit jeté sur Pise, Ast, Ferrare et Turin, qui, appartenant à divers Etats, ne formaient plus qu'une terre sous le sceptre de Victor-Emmanuel. Le Parlement de Turin venait de voter un emprunt de 500 millions parce que les armements de terre et de mer avaient vidé le trésor public. Ces deux quatrains disaient encore : « L'œrain public par terre et mer vuidé ». Les Garibaldiens étaient maîtres du royaume des Deux-Siciles, et ces quatrains portaient : « Naples, Palerme, Sicile, Syracuse, nouveaux tyrans ». Le premier de huit vers déclare que les événements qui suivent auront lieu « Un peu devant monarque trucidé ». Le roi d'Italie est condamné à mourir tôt comme celui dont il est dit : Empereur tost mort sera condamné ». C'est la guerre d'Italie qui cause encore cette autre condamnation. Dieu, pour qui le temps n'est rien, frappe *tôt*, lors même que le châtiment tarde à paraître.

Le danger augmentant, Pie IX appela à son aide Lamoricière

qui forma l'armée des zouaves pontificaux. Plusieurs de ces soldats, venus de divers côtés, sont de haute naissance, tous sont braves. Comme les Lotophages, ils perdirent le souvenir de leur patrie pour avoir mangé du fruit de l'arbre de vie, car ils ne tinrent compte des arrêtés de Napoléon III qui leur ôta leur nationalité. Ils furent le sel de la terre que rien n'affadit. Confiant en la parole de l'empereur de s'opposer par la force à l'entrée des Piémontais sur le territoire pontifical, ils attaquèrent les envahisseurs à Castelfidardo, et furent écrasés sous le nombre. Nostradamus leur avait crié dans sa sollicitude : « Gardez les monts Apennines passer, Votre tombeau près de Rome et d'Ancône ». Après, il les couvre des bénédictions dont Balaam couvrit le camp d'Israël et les met en garde contre le piége que la Révolution devait leur tendre d'après le conseil de Balaam au roi de Moab : La vierge moabite pénétra dans la tente des Israélites que Dieu frappa alors.

Après avoir fait appel à la force matérielle, Pie IX fit appel à la force morale. Il réunit à Rome les évêques de la catholicité. Le cardinal Wisemann, le chef vieux britanique, en faveur de qui Pie IX avait rétabli la hiérarchie orthodoxe en Angleterre, rédigea l'adresse des Evéques au Pape. Ils déclaraient que la résistance de Pie IX à ne pas abandonner le pouvoir temporel lui méritait la reconnaissance de l'Eglise entière. Garibaldi réclamait en ce moment-là même la capitale de l'Italie au cri de *Rome ou la mort* ! Mais, en présence de cette manifestation du monde catholique, Napoléon prit l'engagement de protéger le reste des Etats de l'Église contre les Garibaldiens en employant sa phalange aquilée ou l'armée de l'aigle et l'armée du Lyon ou des zouaves pontificaux. Victor-Emmanuel suffisait à la tâche. L'empereur l'obligea à traiter d'une façon décevante Garibaldi : clarté fulgure à Lyon apparente, luysant du plus vif éclat par son entrée à Melito et qui s'éteignit subitement à Aspromonte.

L'Empereur fit alors la convention du 15 septembre (1864) avec le *Roi d'Italie* et, seul avec lui, il disposa du Pape et de l'Eglise. Dieu montra aussitôt qu'il commande à la nature et qu'il veut être pour beaucoup dans le gouvernement des hommes : « En Campanie sera si longue pluye, et en la Pouille si grande siccité, Coq verra l'aigle l'aisle mal accomplie, Par Lyon mise sera en extrémité. » L'interprétation, donnée à ce quatrain dès 1861, fut pleinement justifiée. Dans le temps où l'on met la *terre en labour*, il y eut, en Italie et en France, des inondations aussi longues que terribles. Quand la *terre* fut *empouillée*, c'est-à-dire couverte de ses fruits, il y eut une sécheresse sans exemple. Entre ces deux faits météréologiques qui se partagèrent l'année, le Pape avait répondu à la Convention par l'Encyclique et le Syllabus du 8 décembre ; le ministre des cultes, le 1er janvier suivant, avait interdit la publication de ces pièces, les Évêques avaient passé outre; et le coq du Piémont vit que l'Aigle de France ne battait plus que d'une aile aux yeux mêmes de ses sujets, mise qu'elle était en cette extrémité par le Lyon de Pie IX. M. de Persigny dit alors à l'adresse des conseillers du Pape : « Si vous faites la faute de pousser les choses aux dernières *extrémités* ; si, au lieu de vous entendre avec l'Italie, vous poussez le Pape à un nouvel exil, le clergé français ne vous suivra pas dans cette aventure ». Nostradamus fait allusion à cette parole de M. de Persigny. Il avait fait allusion à deux autres paroles de M. de Morny : « Quand nous aurons fait une trouée à travers le cercle compacte qui entoure le Saint-Père, croyez-vous que la raison n'aura pas fait un grand pas? » Nostradamus avait dit : O vaste Rome, ta ruyne s'approche, Non de tes murs, de ton sang et substance, L'aspre par lettres (Napoléon dont les lettres du nom signifient, en grec, l'*Exterminateur*) fera si horrible coche, Fer pointu mis à tous jusques au manche ». M. de Morny dit encore à l'occasion de la conduite de l'empereur envers le Pape : « L'opinion en France ressemble à ces lames d'acier que l'on courbe et dont la pointe vient toucher la garde, mais qui, dès qu'on les lâche, redeviennent rigides et reprennent leur direction première ». Nostradamus avait dit pour le même fait : « Le peuple le faisant aller droit et ne voulant se condescendre à eux (au peuple, mot collectif) par le bout opposite de la main aiguë touchant terre, voudront stimuler ».

Des manifestations plus impies encore que ridicules répondirent à ces manifestations plus religieuses encore qu'importantes au point de vue social. Les libres-penseurs se réunirent pour manger de la viande le jour du Vendredi-Saint. Le chef d'une religion qui prescrit la loi d'abstinence pour tous les temps, pour tous les lieux, perdra le pouvoir temporel et la vie; mais auparavant les amis qui mirent tout en commun contre lui, au début de la guerre d'Italie, se seront divisés à son sujet. Victor-Emmanuel aura fait tirer sur son ami Garibaldi à Aspromonte, et Napoléon III fera tirer sur ses deux amis, à Mentana.

L'empereur retira ses troupes de Rome. Pie IX, qu'on menaçait de Garibaldi, ne parla pas encore de s'entendre avec le *roi d'Italie*. Exaspéré par la fermeté du Pape et l'hostilité ouverte des catholiques français, l'empereur voulut en finir avec la *question romaine*. Garibaldi est lâché sur Rome; on le retient après, pour tromper le public. Il s'échappe; des soldats de l'armée piémontaise viennent en grand nombre le joindre avec armes et bagages, parce que ses bandes seules n'auraient pu tenir devant les soldats du Pape. L'empereur vient jouer, lui aussi comme Victor-Emmanuel, un double jeu sur la scène. Il donne ordre à sa flotte d'aller au secours de Pie IX. Il rappelle sa flotte sous prétexte que Victor-Emmanuel arrête Garibaldi. Voici qu'on apprend que celui-ci est aux portes de Rome. Partez donc! crie l'empereur à ses soldats qui arrivent plus tôt qu'il ne pensait, juste à temps pour prendre part à la bataille de Mentana, engagée depuis plusieurs heures. Le grand neveu déclara qu'il n'avait pu laisser déchirer une Convention signée du nom de Napoléon. Il prouva ainsi que ce pacte de Victor-Emmanuel avec la Révolution, de donner Rome pour capitale à l'Italie, avait été fait de cœur pusillanime; il arrêta, à Mentana, Garibaldi, le *supremo duce d'Italia*, et mit fin à la pantomime qu'il jouait lui-même au soir de sa vie. Ses troupes resteront à Rome jusqu'à la fin de l'Empire.

III.

Concile. — Entrée des troupes piémontaises à Rome. — Mort de Victor-Emmanuel. — Mort de Pie IX.

La liberté des enfants de Dieu allait être enchaînée pour un temps, et les ennemis de l'Eglise disaient que le Christ descendrait pour toujours dans le tombeau à la mort de Pie IX. Celui-ci mit à profit les dernières heures de la liberté de l'Eglise et pourvut aux nécessités éventuelles qu'elle éprouverait quand elle ne pourrait plus communiquer avec son chef : « Le mouvement de sens, cœur, pieds et mains Seront d'accord ; Naples, Lyon, Sicile; Glaives, feux, eaux, puis aux nobles Romains; Plongez, tuez, mort par cerveau débile. »

En 1861, j'ai surmonté des chiffres III. IX. II. I, ce quatrain, le premier d'un récit en 28 vers sur la Révolution italienne et les événements de France à cette époque, parce que j'y voyais dès lors ceci : Du vivant de Napoléon III, Pie IX, Victor-Emmanuel II et Garibaldi (I) un même mouvement entraînera vers le lion de Pie IX les diverses parties du corps de l'Eglise. Une manifestation des divers membres de la bête sortie de la mer ou de la Sicile (en 1848) se produira à Naples dans le même temps (l'Anti-Concile). A Rome, il y aura accord, et à Naples aussi, mais là uniquement dans la volonté de détruire par tous les moyens, sous la conduite de Garibaldi, ce que la Capitale du monde chrétien renferme de noble.

Le vainqueur de Buffalorre, fourbe habillé en vilain, avait donné la plus grande partie de la barque de Pierre au *roi rouge* et l'avait reconnu roi d'Italie. Les traîtres continuaient à s'avancer dans l'ombre : tout à coup, le grand neveu qui allait être pris à Sédan écrivit à son ami : Donnez-moi 100,000 hommes pour combattre la Prusse votre alliée, et je vous livrerai le Pape. Ses troupes, retirées en toute hâte de Rome, ne le rendirent pas victorieux et ne consolidèrent pas son Empire. La République fut proclamée en France; elle l'aurait été bientôt dans l'Italie entière si Victor-Emmanuel n'avait donné un nouveau gage à la Révolution en faisant rentrer ses troupes à Rome. Le prophète dit qu'il gouvernera quelque peu bien durant quatre ans, à partir de la bataille de Mentana, et déclare qu'en passant sur l'armée pontificale pour sauver la personne du Pape, et arrêter la Révolution, il ne fera ni bien ni mal, que cet événement ne doit pas le rendre aussi odieux que possible; et pour rendre son jugement acceptable, il ajoute: que celui qui est *roi à Florence* verra ce qu'il y a de pis en Italie se révolter contre lui; que Florence tiendra pour mauvaise sa conduite et qu'il sera blessé de nuit sur mulet à noire housse.

Nostradamus dit ailleurs dans un long récit sur le temps présent : « Chef de Fossan (*Fossano*, v. du Piémont; *Faux, faucis*, gorge) aura gorge coupée Par le ducteur du limier et levrier, Le faict patré (accompli) par ceux du mont Tarpée (ceux qui précipiteraient du haut de la roche Tarpeïenne les rois et les empereurs), Saturne en Leo treiziesme de février (quand Henri V reviendra du vivant de Pie IX, lui dont l'existence a été révélée le 13 février 1820 par son père mourant assassiné) ». Voilà 13 ans que j'ai affirmé que Pie IX survivra à Victor-Emmanuel.

A cette époque je nommais 12 personnes comme devant survivre à l'Empereur. Elles vivent encore. Le Lyon de Pie IX sera mal consolé par le retour d'Henri V. Il verra bien dans ce retour le triomphe prochain de l'Église; mais ce retour précipitera sa perte personnelle.

Pie IX est aujourd'hui dans l'état où je le voyais dès 1858 : « Lui seront ostez les deux glaives et ne lui demeurera que ses enseignes. » On vient de lui ôter les deux épées dont s'armèrent les apôtres pour leur défense personnelle quand Jésus allait être livré à ses ennemis. Il ne lui reste que ces enseignes dont le roi d'Italie vient de dire, en recevant le résultat du plébiscite des mains de la junte romaine (12 octobre 1870) : « Environnez de respect le siége de cet empire spirituel qui arbore ses enseignes pacifiques là même où les aigles romaines n'étaient pas arrivées ». Mais le prophète ajoute : « Et sera le chef et gouverneur jetté du milieu et sera mis au lieu de l'air. » Jésus a dit : « Quand je serai élevé de la terre, j'attirerai tout à moi. Au milieu d'un long récit en 40 vers sur l'état où Napoléon III a mis le monde et l'Église, on voit que *les villes d'Italie s'uniront pour élever par haine la croix du Pape*. Dans un autre récit en 32 vers sur la révolution italienne, on voit qu'en mourant Pie IX éprouvera la soif du Crucifié. Une comète apparaîtra vers le septentrion non loin de Cancer, et la nuit où elle disparaîtra Pie IX mourra. Le capétien traversera alors la Nerthe entre Marseille et Avignon. Dix envoyez auront mis à mort le chef du nef.

L'agneau de Dieu sera vu de nouveau sur la montagne de Sion (*Apoc.* chap. XIV). Il faut toujours une victime pure entre toutes pour désarmer la colère de Dieu. Le christianisme se montrera, après 18 siècles, tel qu'il était sur la croix du Calvaire. Il prêche au monde les mêmes doctrines ; il lui donne les mêmes exemples.

Que le lecteur ne perde pas de vue que ces *Portraits* ne sauraient donner une idée de la prophétie de Nostradamus. La RÉVOLUTION ITALIENNE et la DOUBLE RESTAURATION du trône, en France et à Rome, forment dans les *Lettres du grand prophète*, 2 récits « tout au long », l'un en 32 vers, l'autre en 52, comme celui du *soldat-empereur*. Maintenant, ces récits voient leur force décuplée par les détails dispersés çà et là qui viennent s'y *adapter* par le grand secret d'interprétation.

HENRI V

I.

Son origine, sa naissance, ses noms et marques, son physique et son moral. — Etat de la France et de l'Eglise à sa naissance, à son départ pour l'exil et à son retour. — Sa mission.

Henri V, le « roi blanc », est « l'héritier issu du vray rameau de fleur de lys et le successeur de la Duché » de France ou de Hugues Capet qui fut duc de France avant d'être roi. Il est « Capétien et fruict sauve des trois lys ». Il est né du fils d'un des « trois frères de France » qui régnèrent à l'époque du « plus horrible trosne de coq et d'aigle de France frères trois ». Il est « l'héritier du règne de Navarre » par Henri IV. Il est « Bourbon Vendosme ». Il est « d'Artois », étant comte d'Artois comme son grand-père Charles X et son père le duc de Berry. Son existence a été révélée au monde le « treizième de février » 1820, lorsque son père mourant assassiné dit à son épouse : Ménage-toi pour l'enfant que tu portes dans ton sein. Le prophète avait dit de cet enfant : « naistra de sang troyen et de cœur germanique » parce que la tradition fait descendre nos rois des princes Troyens et que le cœur de Germanicus fut trouvé intact quand les flammes eurent consumé son corps. Chateaubriand dit que le cœur du duc de Berry résista au poignard, et il appelle la duchesse de Berry la veuve du nouveau Germanicus.

Henri V naquit le jour de la fête de saint Michel qui protège la France et terrasse le « dragon, l'ancien serpent ou le diable ». L'Apocalypse parle ainsi de cette naissance : « *Dans le ciel le serpent se tint devant la femme qui alloit enfanter afin de dévorer l'enfant mâle qui devoit gouverner toutes les nations avec une verge de fer et qui fut enlevé à Dieu et à son trône. Saint Michel et ses anges combattirent le Dragon* ». Nostra-

aux préceptes du code civil, on les gratifie d'une juridiction et d'une procédure spéciales, pourquoi ne pas les faire retourner à leur ancien juge, le Cadi qui administrait une justice sans formes ni frais, surtout expéditive ?

On ne pourra sortir de ce dilemme sans léser les principes de la logique la plus simple.

Et comme je suis persuadé, en outre, que la France ne fera point un pas en arrière dans la voie du progrès dans laquelle elle s'est engagée depuis 1886, je ne doute pas un instant que vous ne preniez, Messieurs, en considération, la proposition que je viens de vous faire et qui tend à faire appliquer aux Indigènes le droit commun, sous certaines modifications, tant pour les actions mobilières que pour les actions réelles.

Quant aux questions qui touchent au statut personnel et notamment aux successions soit mobilières soit immobilières, il y a lieu, et c'est là un vœu bien légitime des Musulmans, d'en réserver la connaissance exclusive aux Cadis.

Ces magistrats sont en effet plus versés que les Juges de Paix dans la connaissance de cet ordre de questions, et ils sauront par là même faire une saine application de droit musulman à tous les litiges qui leur seront soumis.

Une raison plus sérieuse encore, m'a décidé à formuler cette proposition.

Le statut personnel musulman tient en effet à la religion de l'Islam, et, en matière de croyance, la violence irrite les consciences, tandis que par le développement de l'instruction on arrivera sûrement à désarmer les préjugés religieux des indigènes.

Il faut au contraire, par le maintien de la juridiction musulmane dans les questions de statuts personnels, leur donner un témoignage de plus de votre sollicitude à l'égard de leurs croyances religieuses.

De plus, la politique et l'équité imposent à la France cette conduite, quant à présent; il est même à souhaiter que tous les actes, ayant pour objet le statut personnel, testaments, donations, tutelles, interdictions etc., soient également dressés par les Cadis à l'exclusion des Notaires; on éviterait ainsi bien des difficultés et de nombreux procès aux Indigènes, qui sont trop souvent amenés à faire dresser ces actes dans la forme notariée par des courtiers en affaires aux gages de ces officiers ministériels. Ces agents véreux se gardent bien d'expliquer à leurs dupes les conséquences juridiques de pareils actes qui au point de vue de leur mode d'exécution et de leur interprétation sont exclusivement assujettis à la loi française.

Bien plus, on ne verrait pas se produire cette concurrence déloyale entre Notaires et Cadis qui jette toujours la déconsidération sur la justice.

Point n'est besoin de citer des exemples; une enquête vous démontrera la véracité de ce que j'avance.

Je vous demandais tout à l'heure de soumettre les Indigènes au droit commun, pour certaines questions; mais sous des réformes qui s'imposent d'elles-mêmes quant aux frais et à la compétence.

Ces réformes, je vais maintenant les soumettre à votre bienveillant examen.

Elles pourront consister en matières réelles, dans la réduction des droits de timbre, d'enregistrement et de transcription toutes les fois qu'il s'agira de la vente d'un immeuble, soit sur licitation, soit surtout sur saisie et dans la suppression de certains actes de procédure *absolument inutiles.*

La cherté des frais de justice qui provient d'une procédure compliquée a soulevé dans la Métropole des plaintes nombreuses et récemment Monsieur le Garde des Sceaux, justement ému de cette situation a, à la date du 17 Juin 1890, présenté une étude sur le projet de loi relatif au partage et à la vente des immeubles appartenant à des mineurs.

Il n'est pas sans importance de reproduire ici certains passages de ce travail, dans lequel éclate toute la sollicitude de ce haut magistrat pour les justiciables.

« Des plaintes unanimes, dit Monsieur le Ministre « de la Justice, contre la cherté des frais de justice « se sont depuis longtemps élevées, mais chacun con- « vient qu'il serait dangereux d'opérer brusquement « une réforme générale de la procédure... »

Ce danger auquel fait allusion Monsieur le Garde des Sceaux n'est pas à redouter ici, où, je le répète, les charges des officiers ministériels ne sont point vénales.

« La sollicitude du gouvernement, continue Mon- « sieur Fallières, s'est d'abord portée vers ceux d'en- « tre les justiciables qui semblent les plus dignes « d'intérêt; il s'est avant tout, préoccupé de réduire » le formalisme dispendieux qui dans le partage et « la vente judiciaires écrase les mineurs... »

Les Indigènes que la France a pris sous sa tutelle pourraient aussi bénéficier de cette sollicitude du Gouvernement.

« La Réforme pourra porter, dit Monsieur le Mi- « nistre de la Justice, sur la diminution ou le dégre- « vement des impôts judiciaires, sur la suppression « d'un certain nombre de formalités de procédure, « nécessitées par les articles 459 et 466 du Code « Civil, et sur la réduction des frais taxés et hono- « raires des officiers ministériels... »

Monsieur le Garde des Sceaux prévoit également les honoraires irrépétibles que les avoués se font allouer indépendamment des émoluments qui leur sont taxés, honoraires dont la fixation échappe à tout contrôle; il propose, pour enrayer ces abus d'interdire formellement aux avoués de recevoir aucun honoraire en dehors des émoluments que leur allouent les tarifs.

Je ne saurais formuler des propositions plus nettes, plus précises et plus sages, que celles indiquées dans le rapport de Monsieur le Garde des Sceaux. Et je m'y associe respectueusement.

Je laisse également à votre haute appréciation,

Messieurs, la fixation des droits qui pourront être alloués aux officiers ministériels, ainsi que la désignation des actes de procédure qui devront être supprimés en vue de la réorganisation que je propose.

En matière mobilière, il sera utile d'adopter la procédure telle qu'elle est prescrite par l'ordonnance du 16 avril 1843, seule applicable en Algérie, et qui dit que toutes les affaires ici, seront considérées comme matières sommaires et renvoie pour la procédure à suivre aux art: 405 et 82 du code de procédure civile.

Des ordres sévères devront être pour celà donnés à MM. les juges taxateurs près les tribunaux de ne passer aux avoués, que les frais et émoluments prévus par la dite ordonnance; on recommandera également aux Présidents des Tribunaux de 1re instance et de la Cour, de veiller et de tenir la main à l'exécution stricte de cette ordonnance qui a rendu applicable en Algérie, le code de procédure civile sous diverses modifications qu'elle porte.

Je disais, il y a un instant que non seulement par la force de la logique, mais aussi par l'avantage qu'ils en recueilleront, les Indigènes doivent être soumis au droit commun, et je vais le démontrer pour la seconde partie de mon argumentation.

Un exemple mettant en parallèle, les frais que nécessiterait un procès civil, en les taxant conformément à l'ordonnance sus-visée, avec ceux qu'occasionne le decret de 1889 pour le même procès en matière musulmane, vous permettra mieux qu'aucune théorie d'apprécier la valeur de mon dire.

Supposons un litige au dessous de mille francs, et voyons quels sont les frais que devra exposer le demandeur français en appliquant bien entendu, les tarifs en matières sommaires à l'état de l'avoué.

L'état ci-après va nous le dire:

HENRI V

I.

Son origine, sa naissance, ses noms et marques, son physique et son moral. — Etat de la France et de l'Eglise à sa naissance, à son départ pour l'exil et à son retour. — Sa mission.

Henri V, le « roi blanc », est « l'héritier issu du vray rameau de fleur de lys et le successeur de la Duché » de France ou de Hugues Capet qui fut duc de France avant d'être roi. Il est « Capétien et fruict sauve des trois lys ». Il est né du fils d'un des « trois frères de France » qui régnèrent à l'époque du « plus horrible trosne de coq et d'aigle de France frères trois ». Il est « l'héritier du règne de Navarre » par Henri IV. Il est « Bourbon Vendosme ». Il est « d'Artois », étant comte d'Artois comme son grand-père Charles X et son père le duc de Berry. Son existence a été révélée au monde le « treizième de février » 1820, lorsque son père mourant assassiné dit à son épouse : Ménage-toi pour l'enfant que tu portes dans ton sein. Le prophète avait dit de cet enfant : « naistra de sang troyen et de cœur germanique » parce que la tradition fait descendre nos rois des princes Troyens et que le cœur de Germanicus fut trouvé intact quand les flammes eurent consumé son corps. Chateaubriand dit que le cœur du duc de Berry résista au poignard, et il appelle la duchesse de Berry la veuve du nouveau Germanicus.

Henri V naquit le jour de la fête de saint Michel qui protége la France et terrasse le « dragon, l'ancien serpent ou le diable ». L'Apocalypse parle ainsi de cette naissance : « *Dans le ciel le serpent se tint devant la femme qui alloit enfanter afin de dévorer l'enfant mâle qui devoit gouverner toutes les nations avec une verge de fer et qui fut enlevé à Dieu et à son trône. Saint Michel et ses anges combattirent le Dragon* ». Nostra-

A cette époque je nommais 12 personnes comme devant survivre à l'Empereur. Elles vivent encore. Le Lyon de Pie IX sera mal consolé par le retour d'Henri V. Il verra bien dans ce retour le triomphe prochain de l'Église; mais ce retour précipitera sa perte personnelle.

Pie IX est aujourd'hui dans l'état où je le voyais dès 1858 : « Lui seront ostez les deux glaives et ne lui demeurera que ses enseignes. » On vient de lui ôter les deux épées dont s'armèrent les apôtres pour leur défense personnelle quand Jésus allait être livré à ses ennemis. Il ne lui reste que ces enseignes dont le roi d'Italie vient de dire, en recevant le résultat du plébiscite des mains de la junte romaine (12 octobre 1870) : « Environnez de respect le siége de cet empire spirituel qui arbore ses enseignes pacifiques là même où les aigles romaines n'étaient pas arrivées ». Mais le prophète ajoute : « Et sera le chef et gouverneur jetté du milieu et sera mis au lieu de l'air. » Jésus a dit : « Quand je serai élevé de la terre, j'attirerai tout à moi. Au milieu d'un long récit en 40 vers sur l'état où Napoléon III a mis le monde et l'Église, on voit que *les villes d'Italie s'uniront pour élever par haine la croix du Pape.* Dans un autre récit en 32 vers sur la révolution italienne, on voit qu'en mourant Pie IX éprouvera la soif du Crucifié. Une comète apparaîtra vers le septentrion non loin de Cancer, et la nuit où elle disparaîtra Pie IX mourra. Le capétien traversera alors la Nerthe entre Marseille et Avignon. Dix envoyez auront mis à mort le chef du nef.

L'agneau de Dieu sera vu de nouveau sur la montagne de Sion (*Apoc.* chap. XIV). Il faut toujours une victime pure entre toutes pour désarmer la colère de Dieu. Le christianisme se montrera, après 18 siècles, tel qu'il était sur la croix du Calvaire. Il prêche au monde les mêmes doctrines ; il lui donne les mêmes exemples.

Que le lecteur ne perde pas de vue que ces *Portraits* ne sauraient donner une idée de la prophétie de Nostradamus. La RÉVOLUTION ITALIENNE et la DOUBLE RESTAURATION du trône, en France et à Rome, forment dans les *Lettres du grand prophète*, 2 récits « tout au long », l'un en 32 vers, l'autre en 52, comme celui du *soldat-empereur*. Maintenant, ces récits voient leur force décuplée par les détails dispersés çà et là qui viennent s'y *adapter* par le grand secret d'interprétation.

damus copie ainsi ce texte : « Un serpent veu proche du lict royal, Sera par dame (la) nuict, chiens n'abayeront, Lors naistre en France un prince tant royal, Du ciel venu tous les princes verront ». Les peuples l'appelèrent *l'enfant du miracle*, les rois *l'enfant de l'Europe*, et tous le dirent *Dieudonné*. La nuit même de sa naissance, le duc d'Orléans vint devant le lit royal protester contre la légitimité de son « neveu *qu'il* chassera du trône ». Mais un jour le « droit du ciel venu en France sera mis au throsne et pacifiera par vertu l'univers ». Il est « né sous les ombres et journée nocturne », dans la nuit des révolutions, sept mois après l'assassinat de son père. L'avenir était sombre pour l'enfant qu'on avait voulu tuer dans le sein de la mère. Seul, il est le « légitime ». Tous les autres gouvernements sont « bastards ». Bâtards les gouvernements du « chef d'Orléans », de la République ou de « l'Ogmion (Hercule gaulois) » et de « Napaulaion » qui cherche à « frauder son Roy ». — Le berceau d'Henri V était en forme d'arche avec une colombe tenant au bec une branche d'olivier. Le prophète donne encore ce détail dans un quatrain sur l'exil : « Longtemps au ciel sera veu gris oyseau, Auprès de Dole (*Dolo*, v. proche de Venise) et de Toscane terre, Portant au bec un verdoyant rameau, Mourra tost grand (Napoléon IV) et finira la guerre (civile) ».

A la suite du quatrain où Napoléon III arrive au trône après avoir tenté inutilement, à « Boulogne », d'épouser la France, Nostradamus dit d'Henri V : « Sous la couleur du traicté mariage, Fait magnanime par grand Chyren Selyn Quintin Arras, recouvrez au voyage, D'Espagnols fait second banc maclin ». Pour épouser la France, fait de grand cœur du grand *Henri de Bordeaux cinq d'Artois*, le pays sera recouvré au retour de l'exil sur l'impératrice espagnole et son fils avec qui la France aura formé pour la seconde fois des liens illégitimes (en grec, *maclos*, incontinent). C'est bien là ce que renferme ce quatrain. Les contemporains de Nostradamus ont publié que « Chyren » était pour *Henryc* par anagramme. « Chyren Selyn » est un *Henri de Bordeaux*, car on voit dans les centuries : « En Aquitaine, port Selyn (en grec *Sélènè*, lune). Le port de la capitale de l'Aquitaine est le *Port de la lune* des anciens, à cause de sa forme en croissant, et les armes de Bordeaux ont un croissant dans les flots. « Chyren Selyn Quintin » est *Henri de Bor-*

deaux cinq, comme Charles V, qui fut Charles-Quint. Nous avons vu qu'il est ailleurs d'« Artois » comme il est ici « Arras ». Il est ailleurs 3 fois « cinq, le cinquième ». Il est 2 fois « grand Chyren Selyn », 6 fois « Chyren », 6 fois « Selyn », et il a 4 fois pour marque le « croissant ». Durant l'exil, il est une « lune aux profondes ténèbres », une « lune au plein de nuict ». Cette lune aura son « croissant » et enfin, elle apparoistra de plénitude blanche ». — « Chyren », anagramme de *Henryc*, est pour le mot *Cyrus* qui signifie *soleil*, dit Feller. Le prophète renvoie par ce mot à divers passages de l'Écriture sainte qu'il applique à Henri V, pour développer sa prophétie. Il nomme ce prince « Luna Sol », et il dit de lui : » Sol sera veu pur, rutilant et blond ». Il le dit « perdu, caché », et le nomme 16 fois « Saturne », parce qu'il doit, comme ce dieu exilé en Italie, donner à la terre l'âge d'or. Il le dit 2 fois « du ciel venu », 1 fois « Don présenté » ou *Dieudonné*. Il l'appelle 3 fois « l'aisné » comme Bourbon-Aîné, et 5 fois « puisnay », comme dernier enfant du duc de Berry, comme étant *né après* la mort de son père. C'est un « aubereau, un milan, un autour, l'oyseau royal, la colombe de l'arche », en un mot, l'oiseau dont parle Isaïe : « Je ferai venir de l'Orient un oiseau, dit le Seigneur, et d'une terre éloignée, un homme qui exécutera ma volonté ».

Le prophète a connu le physique et le moral de celui dont il a su l'origine, les noms et les titres. Le récit *tout au long*, en 28 vers, sur l'exil commence par ce vers : « Du vray rameau de fleur de lys issu » et se termine par celui-ci : « Et règnera Œnobarbe, nez de milve (*Æneus*, d'airain, de cuivre) ». Henri V a la barbe blonde et le nez recourbé du milan. Il est une autre fois « Œnobarbe », une autre fois, le « jeune milve », 3 fois « le blond, et le blond au nez ». En présence de Napoléon IV, « prince pied estaché, pieds blessez (par les scrofules) », il est Cron. ou Saturne, en grec, *cronos* et *cron*, bancal (expression wallonne). Cet état physique d'Henri V est rappelé dans un récit où le prophète lui applique ce passage de la Genèse : « Jacob lutta contre Dieu qui le nomma Israël, c'est-à-dire *fort contre Dieu*. Il vit le soleil qui se levait, mais il se trouva boiteux d'une jambe ». (Jupiter, « le grand Jovialiste, est Jéhovah ou le vrai Dieu) « Saturne aura sus Jupiter empire, La loy et regne par le soleil levé. » Henri V est « le sainct nouveau » qui « pacifiera par vertu l'univers », ainsi qu'il le dit expressément dans ses manifestes à la France. Il est le « prince tant royal ou loyal ». Il est « prudent, habile, rusé ». Le récit où il est le « vray rameau de fleur de lys... Œnobarbe, nez de milve », déclare qu'il « sera en règne et bonté souveraine ». Il règnera véritablement, gouvernant par lui-même, et il aura la véritable bonté royale qui ne va pas sans là fermeté. Il sera « aymé, craint, redouté ».

L'*enfant du miracle* est une *planche de salut* que Dieu garde à la France et à l'Eglise pour le jour du « grand naufrage ». Lorsqu'il naquit, la Révolution dissimulait sa marche : « La trombe fausse dissimulant folie ». Alors se jouait la *Comédie de quinze ans.* Les masques tombèrent quand le carbonarisme eut chassé la dynastie légitime. Par « le charbon le blanc sera chassé ». Le saint-simonisme, le fourriérisme, le phalantérianisme, le culte français de l'abbé Chatel, les *Paroles d'un croyant* de l'abbé de Lamennais montrèrent l'étendue du mal qui s'était fait dans les esprits. Mais combien le mal a grandi depuis lors ! Tous les principes sociaux et religieux sont sapés. Société et religion menacent de s'écrouler. Il nous faut un sauveur : Henri V, « Perdu, trouvé, caché de si long siècle, Sera pasteur demy-Dieu honoré ! »

Sa mission est : 1° de désarmer la colère de Dieu en se montrant *Fort contre Dieu*; 2° de mettre fin à la guerre que nous livrons à Dieu qui s'est retiré de nous, mais qui nous reviendra avec toutes les puissances célestes dès que nous nous serons excusés : « Le grand puisnay fera fin de la guerre Aux Dieux assemblez avec les excusez »; 3° de « renouveler siècle d'or pour l'airain ». Nouveau Cyrus, Henri V « délivrera le peuple de la servitude de Babylone » et rétablira le temple du Seigneur; nouveau Charlemagne, « entendant la plainte du peuple de son principal tiltre (fils aîné de l'Église), dressera si grande armée, et passera par les detroits de ses derniers avites (ancêtres) et bisayeuls (il passera les Alpes), qui remettra la plupart (des gouvernements italiens) en son état et le grand vicaire de la cape (de la famille capétienne qui ne s'est jamais séparée du vicaire de Jésus-Christ sera remis en son pristin état (en l'état où il était avant la révolution italienne) ».

D'autres allusions à la mythologie, l'Écriture sainte, l'histoire développent admirablement le jugement que le prophète porte sur l'état du monde en ce moment et sur la mission d'Henri V.

On ne peut tout rappeler ici. La France et l'Europe entière sont les « isles » ou la terre maudite des saints livres. Nous sommes sous « la loy et règne de Vénus ». La *chaire de pestilence* répand les poisons de l'*Internationale*, etc. Henri V, comme Enée, prétextera des oracles pour aborder la terre où il doit régner ; comme Charles *le septième*, dit le *Victorieux*, il chassera l'étranger et sera dit *le victeur fort* : « Au nom septiesme le cinquiesme sera... Le grand Chyren du seul tiltre victeur fort contenté » ; comme « Trajan » il unira le *pouvoir suprême* et la *liberté*, etc.

II.

Révolution de 1830. — Exil de la famille royale. — Assassinat du prince de Bourbon-Condé. — La duchesse de Berry arrêtée à Nantes. — Henri de France devient boiteux. — Mariage de sa sœur et le sien.

Dans un récit en 48 vers sur la révolution de 1789-1814, Nostradamus parle de la conjonction qui, d'après les astrologues, devait amener de grands changements dans le monde « environ les ans de Notre-Seigneur, mil sept cents octante neuf pendant environ vingt-cinq ans ». Parlant de la révolution de 1830, il dit : « Par 18 fois 12 lunes, le coq effacera la fleur blanche et un grand s'appelle le roi du peuple... *Après* quarante ans, apparoistra l'Iris », c'est-à-dire l'Arc-d'alliance ou le *Dieudonné*. La révolution de 1830 devait avoir lieu « en esté après le Grand Chien (les jours caniculaires) *lorsque le roi augmenterait la France* en entrelaçant les pieds du more d'*Alger* ». Plusieurs des personnages du moment sont nommés. Le « refus d'Antoine d'Angolesme « (nommé 2 fois « Antoine ») d'accepter le trône de son père, le dernier des « trois frères de France », fit qu'*Henric de Bordeaux cinq d'Artois* devint l' « héritier » légitime. « Philippe d'Orléans » (nommé 3 fois « Philippe » et 2 fois « Orléans ») usurpa la couronne sur « son neveu » dont il avait accepté d'être régent, comme avait fait *Philippe de Macédoine*. Son fils Ferdinand entra, à Paris, à la tête d'un régiment gagné à l'insurrection : « Ferdinand discourtois *envers l'enfant à la blonde chevelure*, Quittera la *fleur de lis* pour suivre le Macédon, Au grand besoin défaillira de sa route, Et marchera contre le Myrmidon » (les Myrmidons, enfants du miracle et Dieudonnés, étaient des fourmis changées en hommes que Jupiter donna à son fils Eaque). Le trône fut « ravy au jeune milve par les Normands de France et Picardie *et après* par ceux de Negrisilve » ou par les d'Orléans, dont la propriété privée est partie en Normandie, partie en Picardie étant à Eu, puis par les Napoléon dont la propriété privée est à Arenenberg près de la Forêt-Noire.

Des « estrangiers » (les Suisses) moururent en défendant les « aisnés » que les « puisnays » combattaient. Ferdinand qui défaillit de sa route servira de « tesmoing » des jugements de Dieu. Ayant reçu « tant d'honneurs et carresses A son entrée de la Gaule Belgique (août 1831), Un temps après fera tant de rudesses, Et sera contre la fleur tant bellique ». Il tomba si rudement sur la *Route de la Révolte* (13 juillet 1842), qu'il se brisa le crâne, s'étant révolté contre les lis qui n'auraient pas voulu comme les d'Orléans, dans le moment même, *la paix à tout prix*. Le père devait aussi connaître un jour par lui-même la justice de Dieu : « Au lieu de Dreux un Roy reposera... par anathème (Philippe, chassé de Paris en 1848, coucha à Dreux) ; Pendant le ciel si très-fort tonnera... Après aux champs avoir le cerf chassé (Charles X, le roi chasseur) » il sera « livré au champ » : Il tombera en disant : « *Comme Charles X* ! » La famille royale se dirigea sur Cherbourg. Il y eut « non loing de mer conflict » de la part de la populace ameutée. Charles X toucha les drapeaux blancs et dit : « J'espère que mon fils (« le roi blanc ») vous les rendra ». Il avait privé de la vie politique son fils en confiant ses droits à la conscience « très-inhonneste du loup *qui* chassé, et sur la couchette sentira le remort ». En mourant, Louis-Philippe conseilla à sa famille la fusion. Il est 3 fois le « Loup », 2 fois en montant au trône, 1 fois en mourant exilé.

Louis-Philippe était roi depuis vingt jours quand le dernier des Bourbons-Condé fut trouvé pendu dans sa chambre à coucher à Saint-*Leu*. *Demeuré* fidèle à Henri V, à la blonde chevelure, qui avait été élu roi par l'abdication de Charles X et « le refus d'Antoine », le prince de Bourbon-Condé parlait de *rejoindre* son roi en exil et de refaire en sa faveur un testament qu'on n'a point *lu* et qui annulait celui par lequel il avait institué légataire universel le duc d'Aumale, fils de Louis-Philippe : « De nuict dans lict le suprême estranglé Pour trop avoir séjourné blond esleu, Par trois l'empire subrogé exanclé, A mort mettra carte et pacquet ne leu » (*exancillatus*, asservi). Trois partis réclamaient alors l'empire asservi par le tuteur qui s'était subrogé au pupille. Ce quatrain est au milieu d'un très-long récit sur l'époque révolutionnaire où les quatre partis : la légitimité, le bonapartisme, l'orléanisme et la république, se succèdent tour à tour au pouvoir. Le prophète revient aussitôt sur cet événement, et il en fait une conséquence de la prise des Tuileries par la Révolution : « Siége en cité et de nuict assaillie, Peu eschappez, non loing de mer conflict, Femme de joye, retours fils, défaillie, Poison es lettres cachez dedans le plic ». La Feuchères, femme de joie, fut accusée de cet assassinat. Elle était en correspondance au sujet du testament avec Louis-Philippe qui la reçut après à sa cour. On trouva dans les *cendres du foyer* (en latin, *lic*) des fragments d'écrits supposés par lesquels le prince déclarait qu'il mettait fin à sa vie empoisonnée par des retours sur l'assassinat de son fils à Vincennes. Le prophète insiste sur ce fait pour montrer que les fils du « d'Orléans avare » qui n'était pas Bourbon (« par fraux de jeune *fille* », Maria-Stella) ne devraient plus convoiter le trône. Le duc d'Orléans qui fut le « grand régent par mort » et le duc d'Orléans, Ier Egalité, qui après avoir voté la mort de Louis XVI fut « le rouge assommé par les rouges rouges », ne parvinrent pas au trône malgré leurs crimes.

Voici la traduction d'un récit en 16 vers sur la famille royale à la suite des *journées de juillet*. Charles X est un astre éclipsé pour toujours; mais il ne disparaît pas dans le sang comme son frère (Louis XVI). Henri V restera longtemps sous les ténèbres. Il viendra retourner le fer dans la plaie sanglante d'un usurpateur. Troublé par la réponse que fait la duchesse de Berry aux hésitations de la Cour d'aller, son fils sur les bras, faire appel au cœur des Parisiens, le roi envoie, au péril de leur vie, des ambassadeurs à l'insurrection. Après il contrefera ses deux frères dont l'un prit le chemin de « Varennes » et l'autre celui de « Gand ». Par le gouvernement de deux souverains illégitimes (Napoléon III et Napoléon IV) mourront la colère, la haine et l'envie qu'on avait à tort contre la légitimité. La régente, mère du roi, fera une tentative pour replacer son fils sur le trône : « La grande Royne quand se verra vaincue, Fera excès de masculin courage, Sur cheval fleuve passera toute nue, Suite par fer, à foy fera outrage ». Chateaubriand a dit : « Elle a combattu la nuit... Elle a traversé les rivières à la nage... Sans vêtements... On ose terminer son aventure de mère dans une prison, à travers une tempête, *en sortant d'un brasier* ». La suite de la reine est tombée sous le fer, et Madame est à Blaye d'où elle sort pour se rendre en Sicile : ce que Nostradamus exprime aussitôt en la montrant auprès de la fontaine d'Aréthuse qui coule en Sicile et disparaît sous terre. Il dit que cette reine s'est enfuie à la suite d'une éruption du volcan révolutionnaire (l'Etna), les Titans continuant leur guerre contre Dieu en entassant les deux rochers Pélion et Ossa. Le prophète renvoie ici à l'Apocalypse où, après la lutte du dragon et de ses anges contre Michel et ses anges, la femme s'enfuit dans le désert. Le dragon vomit un fleuve contre la femme ; mais la terre engloutit le fleuve. Dans un autre passage, il dit l'arrestation de Madame à Nantes : « Subit venu l'effrayeur sera grande, Des principaux de l'affaire cachez, Et dame en braise plus ne sera en vuë, Ce peu à peu seront les grands faschez ». Une personne survient tout à coup. Elle dit que Deutz a trahi et que la police a envahi la maison. Les principaux de la tentative se cachent, et Madame les suit derrière la plaque d'une cheminée. Le feu que la police allume rend peu à peu intolérable la position des grands qui se livrent à leur ennemi.

Le 28 juillet 1841, le cheval que montait Henri de France s'abattit, et, en faisant effort pour se relever, brisa la cuisse de son cavalier qui devint boiteux ou « cron » sans cesser de marcher droit dans les voies du Seigneur. Dieu toucha le nerf de la cuisse de Jacob qu'il allait nommer *Fort contre Dieu* et le rendit boiteux afin qu'il ne s'enorgueillît pas de sa victoire : « Saturne aura sus Jupiter empire ». L'année suivante, « Ferdinand fit tant de rudesses » sur la *Route de la Révolte* qu'il y trouva la mort.

Le 10 novembre 1843, la sœur du duc de Bordeaux, « le puisnay », épousa le prince héréditaire de Lucques qui devenu duc « de Parme » fut assassiné par la Révolution : « Le successeur vengera son beau-frère, Occuper règne sous ombre de vengeance, Longtemps... tiendra la France ». Le 28 octobre 1846, Henri annonça son mariage avec la princesse Marie-Thérèse, archiduchesse d'Autriche, fille du duc de Modène, alliée aux familles de Parme et de Toscane. Ce mariage figure en tête de deux récits. 1° « Le successeur de la duché viendra Beaucoup plus outre que la mer de Toscane, Gauloise branche la Florence tiendra, Dans son giron d'accord naútique rane. Le gros mastin sera fasché de l'estrange alliance. » Louis-Philippe s'opposait de tout son pouvoir au mariage que l'exilé contracta à l'étranger. 2° « Du vray rameau de fleur de lys issu, Mis et logé héritier d'Etrurie, Son sang antique de longue main tissu, Fera Florence florir en l'armoirie... Fera renaître son sang renouvellant siècle d'or pour l'airain. » Il ajoute à l'éclat du blason de Florence par son mariage, et en ramenant l'âge d'or, il fera revivre dans la mémoire des hommes le vieux sang des capétiens qui n'aura plus de descendance. Henri V sera « Entre Gaulois le dernier honoré ».

III.

Henri V a foi en sa mission. — Il s'est dit roi à Chambord. — Il règnera dans Avignon.

Louis XVIII n'abandonna pas ses droits à la couronne et protesta, dit Nostradamus, contre toute usurpation. Reprenant le chemin de l'exil, il disait : Je reviendrai. « A Gand, comme un griffon », il guetta sa proie. Henri V agit de même. « On attendra que terme soit coulé », pour remettre le « droit au trosne » ; mais, « caché », il épie le moment de se montrer; « grand Satyre et Tigre d'Hyrcanie (les mots *Satyre* et *Saturne* signifient *caché*), il ressaisira sa proie. En 1830, il était « l'aubereau, le jeune milve, *et on lui ravissait son bien* » ; aujourd'hui, il est « l'autour *qui arrachera* l'œil » ou le pouvoir à l'usurpateur. Sa devise est *Spes, Fides* (Espérance et Foi). Il « ouvrira par Foi *la France* et par toy Phocen, il tiendra son trosne ; il tiendra le royaume Navarrois par foy (Marseille est une colonie de Phocéens sur la mer Tyrrhénienne) ».

On le voit dans un même récit « Tigre d'Hyrcanie, prenant terre au Thyrrhenphocéan, Saturne faisant voile bondir, Autour arrachant l'œil à *Napaulaion*, et, Tout le chef de l'empire (chef de fait alors comme de « droit ») règnant dans Avignon où il fait arrest pour Paris désolé ». Ailleurs, il est dit de lui pour le même fait : « Le grand Chyren soy saisir d'Avignon, Le Roy de Bloys dans Avignon regner ». Le comte de Chambord, après avoir vu « *en cendres* le Royal édifice », a parlé plus que jamais de décentralisation, le jour où il s'est déclaré Roi dans sa terre de Blois.

Th. Muret : « En 1821, le domaine de Chambord fut acheté par souscription pour être offert au duc de Bordeaux. Chambord est un magnifique château, situé aux environs de Blois, et qui jadis avait été habité par les rois de France. Le jour même de son baptême, le duc de Bordeaux devint propriétaire de Chambord ».

Nostradamus « ne mesle rien de superflu » à sa prophétie. Pourquoi alors commence-t-il 2 quatrains par ce même vers : « Le Roy de Bloys dans Avignon régner » ? C'est qu'il veut indiquer par cette répétition, que c'est à cette mesure radicale qu'on devra la fin de nos guerres civiles et la prospérité du « grand règne ». Étudions ces 2 quatrains si pleins d'actualité, si importants. Mais comme il faut se borner, nous les laisserons isolés de ceux qui ajoutent à leur force en les précédant ou les suivant dans la centurie.

(V. III. IV. 775, 868, 695, 664, 790.)

774. Le Roy de Bloys dans Avignon régner,
D'Amboise et semer viendra le long de Lyndre,
Ongle à Poictiers sainctes aisles ruyner,
Devant Bonieux viendra la guerre esteindre. VIII. 52.

(V. 774, 720, 732, 665, 673, 719.)

775. Le Roy de Bloys dans Avignon regner,
Une autre fois le peuple en monopole,
Dedans le Rosne par murs fera baigner
Jusques à cinq le dernier près de Nole. VIII. 38.

Nostradamus, comme Ulysse dans Homère, emploie des noms de lieux pour la signification des mots que ces noms rappellent. Quand il dit : « Non éloigné de,... près de... », le nom de lieu qui suit doit être pris moins pour l'endroit que pour le nom commun qu'il rappelle. « Indre », en latin, *Ingeris*, est pour *ingero, ingeris* : 1° présenter, offrir ; faire prendre de la nourriture à un malade; 2° citer, rappeler au souvenir, imprimer dans l'esprit, un bienfait rappelle toujours son auteur et le grave dans la mémoire (*W.*). « Nole », en latin *Nolo*, je ne veux pas (*W.*). Presque toutes les éditions n'ont que le commencement du vers : « Devant Boni... » L'auteur indique par là qu'un prophète ne doit pas exprimer clairement ce qui sera à la veille de s'accomplir quand on aura l'intelligence de sa prophétie. Son « Traducteur Denys n'a sceu secret » du jour du grand événement attendu. « Bonieux » v. proche d'Avignon ; « Boni » de *Bonum, boni*, bien, tout avantage (*W.*). Il a fallu l'événement pour fixer le sens que l'auteur donne au mot « Poictiers » en latin, *Pictonicus* (*W*), *Pictorius*, qui concerne la peinture, *Picturatus*, peint de diverses couleurs (*W*) Napoléon Ier ou la *Révolution fait homme* fut « le plus grand du Rhosne » en grec *Ruon*, qui entraîne.

Henri V, roi à Chambord, avec l'intention de régner dans Avignon pour établir une vraie décentralisation, viendra, d'Amboise le long de l'Indre, semer des paroles qui rappelleront les grandeurs du passé, exposeront les maux du moment et découvriront les avantages que l'avenir réserve. *Oiseau qui parle de faire la volonté de Dieu*, il viendra ruiner près de Poitiers son ongle et ses ailes saintes en soulevant la question de la couleur des drapeaux. Plus tard, il viendra devant Bonieux éteindre le feu de la guerre civile en remplacant le mal par le bien.

Le roi de Blois, rappelant les promesses qu'il a faites à Chambord, régnera dans Avignon. Le peuple se sera mis de nouveau sous le pouvoir absolu d'un seul pour retenir dans son lit par des digues le torrent révolutionnaire jusques à ce qu'Henri Cinq, le dernier honoré entre Gaulois, soit près de ce peuple qui lui dit : *Nolo*, je ne veux pas. Cet événement est annoncé à peu près dans les mêmes termes ailleurs : « Jusques à ce que naistra d'un rameau, (de la tige de lys) de la sterile de long-temps qui délivrera le peuple univers de celle servitude bénigne et volontaire soy remettant à la protection de Mars (Napoléon III), Spoliant Jupiter (le Dieu du droit divin des rois) de tous ses honneurs et dignitez pour la cité libre (par crainte de Paris)... » *Nolo* exprime le *Non* du vote du « peuple univers » ou du suffrage universel.

Mes publications portaient, dès 1862, qu'Henri (V) accomplirait le 1er quatrain du vivant de Napoléon (III) et de son fils (IV), et le 2e après leur mort. On y voit que les citations que j'apporte pour confirmer l'interprétation des quatrains renferment presque toujours les expressions mêmes de la prophétie.

Union (17 juillet 1871) : BLOIS ET CHAMBORD : « Monsieur, dit le régisseur du château de Blois, sans doute vous reviendrez bientôt revoir ce que vous avez si bien apprécié ? — A ces mots le visage de l'illustre voyageur se couvrit d'une teinte de tristesse, et le château lui rappelant la fin d'une ballade de Charles d'Orléans, il murmura ces vers à demi-voix, en se penchant sur M. de Monty :

Contre les vagues de Tourment.
Quant il lui plaira, Dieu m'envoie
A plaisir et à gré le vent!

« Oui, Monsieur, je reviendrai ; mais il ne dépend pas seulement de moi « d'en avancer le moment désiré. »

« ... Ils ont dit de tirer sur *Amboise* ; mais à peine hors de la ville, le cocher reçut l'orde de tourner vers Chambord... « Mon cher curé, dit Henri, qui vint le surprendre chez lui, je viens vous embrasser, et vous recommander de bien prier Dieu pour qu'il me fasse revenir *tôt* et mourir *tard* dans notre cher pays. (Les mots *tôt* et *tard* sont soulignés dans le texte. Nostradamus a dit : « La mort subite du premier personnage Aura changé et mis un autre au règne, Tost, Tard venu à si haut et bas âge, Que terre et mer faudra que on le craigne. Mourant voudra coucher en terre Blesique (de Blois)... à son vieil âge. »)

« Les journaux de la République appelleront notre Prince le *Roi de Chambord*. C'est, en effet, de Chambord qu'est daté le manifeste dans lequel le chef de la maison de France a, pour la première fois, adopté le nom de Henri V. Le *petit roi de Bourges* est dans l'histoire Charles VII *le Victorieux*. (« An nom septies ne le cinquiesme sera victeur fort »). »

« Fançais, je suis au milieu de vous .... Je quitte donc ce « Chambord que vous m'avez donné, et dont j'ai porté le nom « avec fierté, depuis quarante ans, sur les chemins de l'exil « (« Par quarante ans l'Iris n'apparoistra, Par quarante « ans tous les jours vera veu, La terre aride en siccité croistra, « Et grand deluge quand sera apperceu »). En m'éloignant, je « tiens à vous le dire, *je ne me sépare pas de vous*, la France « sait que je lui appartiens... Croyez-en ma parole de Roi. Dieu « aidant... peuple chrétien... La France m'appellera.... Quelleque « soit la couleur du drapeau.... Je ne laisserai pas arracher de mes « mains (« ongle ») l'étendard d'Henri IV, de François Ier et « de Jeanne d'Arc. C'est avec lui que s'est faite l'unité nationale; « c'est avec lui que vos pères, conduits par les miens, ont con- « quis cette Alsace et cette Lorraine, dont la fidélité sera la « consolation de nos malheurs... Dans les plis glorieux de cet « *étendard sans tache*, je vous apporterai l'ordre et la liberté. « Français, Henri V ne peut abandonner le drapeau d'Henri IV.

« HENRI. »

Chambord, 5 juillet 1871.

Union (24 juillet) « *M. de Mestral*, pasteur protestant de Lausanne

« Le roi voyait pour la première fois, depuis *quarante ans*, la France désolée, déchirée, presque ruinée. *Son manifeste est une semence jetée en terre pour l'avenir*. J'espère bien que l'on aura assez de courage public pour reprendre les lis et le drapeau blanc et pour conduire le Roi à Reims afin d'imprimer le sceau de la religion à tous les actes de son règne ».

IV.

Henri V retourne à l'étranger. — Signes qui précéderont son avénement. — Guerre civile. — Fin de l'Empire. — Siége de Paris. — Le sacre à Reims.

« Le Roy de Bloys a quitté la France : « Dedans Hongrie par Bohème Navarre, Et par bannières fainctes séditions, Par fleur de lys, pays portant la barre, Contre Orléans fera esmotions (881) ». Henri IV n'était que *le Béarnais*, quand il conquérait son trône. Son petit-fils est « Navarre » errant « dedans Hongrie et Bohême », à Frohsdorff. Une dispute sur la couleur des bannières cache des séditions plus sérieuses. Mais la France des fleurs de lis, portant en ce moment, sur son blason, la barre de la bâtardise, sera émue contre les d'Orléans, se disant héritiers du d' « Orléans avare », qui trahit, au nom de la charte, Louis XVIII et Charles X : « Les frères, par Chartres, Orléans trahira (470) ». La France, pour le prophète, est « le blanc territoire ».

L'avénement de celui qui ressemble, dit l'Apocalypse, au Fils de l'homme, ou à l'Agneau de Dieu, sera précédé de signes. Quand « Œnobarbe d'Artois » se montrera, il y aura sous le ciel de France, « en Artois, estoille en barbe ». Nous avons vu, plus haut, que la sécheresse, puis la pluie, et de nouveau la sécheresse se partageraient le temps qui sépare la *Crète de la montagne* (18 mars), de celui qui est la « blanche laine », ayant l'*étendard sans tache*. Nous avons eu les fléaux causés par la dernière guerre : « Peste, famine, mort de main militaire ; Le siècle approche de rénovation ». Les « lettres cachées *sont* au cierge », car les *Lettres du grand prophète* sont mises en lumière. Nostradamus crie : « Migrés, migrés de Genève trestous, Saturne d'or, en fer se changera, Le contre RAYPOZ exterminera tout, Avant l'Avènt, le ciel signe fera (766) ». Fuyez de la ville voltairienne, qui élève une statue au philosophe de Ferney ; celui qui donnera l'âge d'or va se montrer de fer... » A la suite de ce quatrain, on voit le « grand Vendosme qui obtient son empire »; puis le prophète se reprend à crier : « Vuydez, fuyez de Tholose les rouges, Du sacrifice, faire expiation; Le chef du mal dessous l'ombre des courges, Mort estrangler carne omination ». Que les rouges fuient de la ville, qui élit ses magistrats (en grec, *Tholos,* lieu où les magistrats élus chaque mois rendaient la justice) : Dieu vient leur demander compte du sang versé depuis le 21 janvier 1793, maintenant que le chef du mal est sous des ventouses (en latin, *cucurbita,* courge et ventouse). Sa mort prédite est un présage de carnage : « Coq, chiens et chats de sang seront repeus, Et de la playe du tyran trouvé mort, Au lict d'un autre jambes et bras rompeus, Qui n'avoit peur mourir de cruelle mort. Durant l'estoille chevelue apparente, Les trois grands princes seront faits ennemis, Frappez du ciel, paix, terre tremulente, Po, Tymbre, undans serpent sur le bord mis ».

L'événement de Biarritz arme trois grands princes les uns contre les autres. Napoléon IV a son armée, un d'Orléans forme la sienne, et Henri V accourt seul avec Dieu qui venge son Eglise, car le serpent, *la bête qui s'élève de la mer,* est venu du Pô dans le Tibre, d'où il sort pour entrer au Vatican. Dieu va frapper pour rendre la paix à la terre ébranlée jusque dans ses fondements. Henri V « craint d'ennemis *fait* voile bondir. Vendosme viendra tost à son haut règne Mettant arrière un peu les NORLARIS; Le rouge blesme, le masle à l'interrègne, Le jeune crainte et frayeur Barbaris ». Le Bourbon-Vendôme arrivera promptement à soumettre ses rivaux, tenant à l'écart du gouvernement les d'*Orléans* (*Aurelianum,* Orléans) qui jouent le role des Princes *Lorrains* dont ils ont les propriétés à Eu, et les noms (Guise, Nemours, Joinville, Montpensier, d'Aumale). Durant l'interrègne de 1830 à 1871, le trône a été occupé : 1° par leur père « Philippe rouge faisant du bon valet » en voulant la paix à tout prix; 2° par Napoléon III « Mars, boutefeu », voulant la guerre partout; 3° par Napoléon IV « le jeune », et 4° par les barbares ou les républicains. « Philippe le rouge » est blesme par la mort, les autres vivent saisis de crainte. Quand Libertat chassa de Marseille les Espagnols pour rendre cette ville au roi, Henri IV s'écria : *C'est maintenant que je suis roi!* Quand Marseille se sera prononcée en faveur d'Henri V « débarqué dans ses murs », le Roi s'écriera : C'est « par toy Phocen que je tiens mon trosne ! » Il est accouru sur un pyroscaphe, il prend une locomotive et traverse le tunnel de la Nerthe (« cap. dans la nerte ») : « Lorsque celuy qu'à nul ne donne lieu, Abandonner voudra lieu prins non prins : Feu nef par saignes, bitument à Charlieu, Seront Quintin Balez et puis reprins ». Lorsque celui qui n'abandonne à aucun ses droits au trône et qui veut gouverner par lui-même voudra abandonner le lieu qu'il occupe avec l'intention de n'y pas demeurer (« *En m'éloignant, je ne me sépare pas de vous, la France sait que je lui appartiens. Je ne puis oublier que le droit monarchique est le patrimoine de la nation, ni décliner les devoirs qu'il m'impose envers elle. Ces devoirs, je les remplirai, croyez-en ma parole d'honnête homme et de roi* »), le feu ou la vapeur, par des tuyaux, mettra en mouvement le navire, et le charbon de terre ou bitume transportera le char d'un lieu en un autre. Les choses enlevées au « grand Chyren, Selyn, Quintin, Arras, seront reprises. (*Pyroscaphe* signifie en grec « feu nef ; Charlieu » est la traduction du mot *locomotive, currus,* char, les chevaux eux-mêmes ; et *Saignes,* la moelle du bois de sureau. *Gloss.*)

Napoléon IV se hâte de « passer Guienne, Languedoc et le Rosne... par toy Phocen tiendra son trosne, conflict auprès Saint-Paul de Mauseole (proche Saint-Rémi), Aux champs herbeux d'Alein et du Varneigne, Du mont Lebron proche de la Durance, Camp des deux parts conflict sera si aigre, Mesopotamie défaillira en France ». Dans les prairies d'Alain et de Varneigne près du Lubéron, à toucher la Durance, il y aura un combat terrible ; le résultat sera la déchéance de Paris, la Babylone de France. Henri V déclarera Avignon la capitale du royaume. Les événements rappelleront alors la lutte de David avec le fils de Saül. David était à l'*Hébron.* Le jeune prince ayant été assassiné, le peuple de Dieu cria tout entier à l'HÉBRON : *Vive le Roi!* Il y a sédition dans l'armée impériale ; un « innocent » disparaît et le coupable expire dans le « remords » ; une partie de son armée se rallie au Roi, l'autre avec son aigle passe dans le Piémont où un gendre est témoin de l'assassinat de son beau-père. Pie IX dit alors : Tout est consommé ! La France crie : Tout est perdu ! Dieu répond : Tout est sauvé ! et la France entend sa voix. Mac-Mahon a offert son épée à Henri V. Le Midi est conquis, les d'Orléans s'effacent. Il y a révolte en Allemagne et « le grand groupe *des États* est jeté dans le Rhin ». L'Alsace et la Lorraine reprennent le drapeau blanc. Henri V n'a plus contre lui que Paris. « Un ange crie : Babylone est tombée. »

Le siége de Paris occupe une si grande place dans la prophétie que je dépasserais de beaucoup le cadre que je me suis tracé si je voulais tout dire ici. Les *Lettres du grand prophète* donnent l'interprétation à peu près complète des divers quatrains que j'ai réunis dans la *Réédition* comme étant sur le siége de Paris. Cette ville, devenue l'« asile des exilés et des resveurs », proclamera la République universelle. La « ligue barbare » de l'*Internationale* sera chassée quand la proclamation des *Droits de Dieu* remplacera celle des *Droits de l'Homme.* « L'oiseau royal », planant sur la cité qui se dit la lumière du monde, durant « sept mois », sera regardé comme annonçant la ruine. Le canon ouvrira la brèche du côté de l'Orient, et l'ennemi aura sept jours pour se décider à ouvrir ses portes à l'heure fixée. La place du crime ou « l'édifice royal » aura été purgé par le feu. Quand Napoléon III perdra la vie, il y aura « sept mois grande guerre, mort gent de maléfice » de ceux qui emploient tous les moyens pour détruire. Les partis les plus hostiles se rallieront franchement au roi. « Tout à l'entour de la grande cité, Seront soldats logez par champs et villes, Donner l'assaut Paris, Rome incité (*incitare*, exciter.) » Pour venger Rome, etc... Bien que Nostradamus renvoie à la prophétie de Jérémie sur la destruction de Babylone, il ne faut pas croire à une destruction complète de Paris. Trois siéges auront « plongé Babylone dans la cuve » de la colère de Dieu. « Où Seine et Marne autour vient arrouser, Longtemps sera sans être habitée *par le roi* , mais cité province au change gain fera » et Paris restera « la cité immesurée. »

Henri V épousera alors la France : « Roy fort et puissant à Reims et Aix sera receu et oingt après conquestes. Le nouveau roi oingt pacifiera la terre ».

V.

Henri V rend la paix à la France, au monde entier, à l'Église. — Grandeur morale et matérielle d'un gouvernement chrétien. — Restauration du pouvoir temporel de l'Église. — Un seul troupeau, un seul pasteur. — Sépulture royale à Chambord. Les fleurs de lis disparaissent pour toujours après avoir assuré le nouvel ordre de choses.

Le trône, occupé par Henri V, a cessé d'être « le plus horrible trosne de coq et d'aigle de France frères trois ». La guerre civile qui dure depuis 1789 prend fin : « Tant d'ans en Gaule les guerres dureront... ! Devant Bonieux viendra la guerre esteindre ». Henri V a « occupé le règne sous ombre de vengeance ». Quoique « de bonté souveraine », il a dû frapper de sa « verge de fer les meschants ». Mais voici que les partis les plus hostiles l'acclament en reconnaissant que, *Roi de son temps et non du passé*, il a donné la constitution la mieux appropriée aux besoins de notre époque : « D'où pensera faire venir famine De là viendra le rassasiement. » Celui dont le retour disait-on, devait être la ruine du pays, nous a apporté l'abondance de tous biens. La mer qui engloutissait tant de trésors laisse échanger sur son sein les produits des deux mondes. *La paix, la fertilité habitent pour longtemps, tant que durera le règne de la fleur de lis* et au delà, la France qu'elles avaient désertées, et l'on apporte de l'étranger par eau et par terre les corps morts de ceux qui avaient désespéré d'être ensevelis dans la patrie (les corps de la famille royale). Le changement a été fort difficile; mais Paris et la province ont gagné au change. D'un cœur haut, se montrant prudent dès qu'il a été mis au trône d'où on l'avait chassé, lui habile, mer, terre, peuple son Éstat changera. Les traités de commerce sont révisés ainsi que les lois civiles, et le Français accepte des changements que lui impose un souverain qui lui-même a changé la manière de gouverner de ses pères. Tout est pour le mieux dans le meilleur des mondes. — Je viens de donner presque textuellement une partie du long récit sur l'arrivée d'Henri V au trône. Là, il est dit encore qu'il renvoie ses soldats dans leurs foyers. Ailleurs nous voyons qu'il amènera les rois à un désarmement général, et qu'on ne verra plus de gardes nationaux armés les uns contre les autres : « Foudre a fer, lance les seuls roys garderont ». Les rois, pasteurs des peuples, ne remettront pas au troupeau le soin de se garder lui-même.

Le monde, agité trop longtemps par la France révolutionnaire, aura la paix par les soins du « Roy de France » : « Les vieux chemins seront tous embellis, L'on passera à Memphis somentrée (« les chemins tortueux seront redressés, et toute chair connaîtra le salut qui lui vient de Dieu. Le canal de Suez sera élargi. *Summa* grande entrée) ; Le grand Mercure d'Hercule fleur de lis, Faisant trembler terre et mer contrées (la fleur de lis, Dieu du commerce, fera un des travaux d'Hercule en unissant deux mers pour toujours, alors qu'il imposera sa volonté au monde entier ».) Le prophète ajoute : « Au règne grand du grand règne régnant, Par force d'arme, les grands portes d'airain Fera ouvrir, le Roy et Duc joignant, Fort demoly nef à fons, jour serein. » Au règne trois fois grand, comme Cyrus qui, conduit par Dieu, fit ouvrir devant lui les portes solides, Henri V démolira les fortifications, coulera les vaisseaux de guerre. Un jour serein luira sur le monde (*dux*, qui conduit. *W*).

Isaïe (Chap. XLV). « Voici ce que dit le Seigneur à Cyrus, qui est mon Christ, que *j'ai pris par la main* pour lui assujettir les nations, pour mettre les rois en fuite, pour ouvrir devant lui toutes les portes sans qu'aucune lui soit fermée. Je marcherai devant vous, j'humilierai les grands de la terre, je romprai les portes d'airain, et je briserai les gonds de fer. Je vous donnerai les trésors cachés et les richesses secrètes et inconnues, afin que vous sachiez que je suis le Seigneur, le Dieu d'Israel qui vous ai appelé par votre nom. »

La Révolution avait fait mourir Pie IX dans le temps qu'Henri V allait de Marseille à Avignon. Cette restauration du droit divin l'effraya, et elle écrivit à Henri V que cette mort était le fait de quelques misérables, et que des mesures seraient prises pour assurer la paix de l'Église : « Le grand Chyren soy saisir d'Avignon, De Rome lettres en miel plein d'amertume ». Dans les circonstances présentes il n'avait pu que s'entendre avec deux autres souverains pour assurer la liberté de l'Église en établissant le siége de la Papauté loin de Rome : « Par la puissance de trois Roys temporels, En autre lieu sera mis le saint Siége, Où la substance de l'esprit corporel Sera remis et receu pour vray siége ». On dira : Où est le Pape, là est Rome.

Henri V « pacifiera par vertu l'univers. Au chef du monde le grand Chyren sera, Plus outre après aymé, craint, redouté, Son bruit et loz les cieux surpassera, Et du seul tiltre victeur fort contenté ». A la tête des nations, de plus en plus aimé, craint et respecté, Henri V verra sa renommée, les louanges qu'il recevra, le placer au-dessus de l'humanité : « Sera pasteur, demy Dieu honoré ». Il n'ambitionnera qu'un titre, celui de *vainqueur ne connaissant pas d'obstacle* pour remplir sa mission. On ne pourra « subvertir (renverser), nonpareil règne puissant et invincible ».

Dieu donnera au Cyrus moderne et la force d' « ouvrir les grandes portes d'airain », *et les trésors cachés.* La guerre a vidé le trésor public : « Par foudre en l'arche, or et argent fondu... Par guerre longue, tout l'exercice expuiser, Que pour soldats ne trouveront pecune, Lieu d'or et d'argent cuit, on viendra cuser, Gaulois airain, signe croissant de Lune ». Au lieu d'or et d'argent, on viendra à fondre des pièces de billon à l'effigie du grand Chyren Selyn, ayant eu son croissant. Bientôt l'on dira que « *sous ses habiles mains, le cuivre devient or* ». La prospérité matérielle sera telle qu'il semblera qu'il a trouvé le secret de la *transmutation des métaux*. Peut-être faut-il prendre à la lettre ce que le prophète dit : « Les simulacres d'or et d'argent enflées, Qu'après le rapt lac, au feu furent jettez, Au descouvert... Or Capion, ravy et puis rendu dedans Tholouse », etc... Les statues des dieux de Delphes, enlevées par les Gaulois, puis par Cépion, furent jetées dans les marais de Toulouse. On les découvrira et on les fera fondre pour battre monnaie... Quoi qu'il en soit, Henri V, que les Méridionaux appellent depuis longtemps : *Monsieur Credit*, « deslivrera un grand peuple d'impost » ; et pourtant il aura : « Honneurs, richesses, travail en son vieil âge... De brique en marbre seront les murs reduicts (*Reduco*, ramener), Sept et cinquante années pacifiques, Joye aux humains, renove l'aqueduct (du Gard), Santé, temps grands (prospères), fruits, joye et mellifiques (cette terre promise aura ses ruisseaux de lait et de miel) ».

Il y aura «*paix sur la terre aux hommes de bonne volonté* » et guerre pour ceux qui ne voudront pas subir l'influence du *Christ* du Dieu des armées. Les Anglais, vainqueurs dans les derniers jours de l'Empire, seront vaincus, et la *bannière blanche* leur enlèvera les captifs. « Le grand empire sera par Angleterre, le Pempotan des ans plus de trois cents, Grandes copies passer par mer et terre ». Voilà 313 ans que cette prophétie est faite. Les Anglais vont perdre leur *prépotence* sur mer : avant de mourir, Henri V aura «chassé de l'onde ces pirates ». Il aura pacifié l'Allemagne, rendu au trône d'Espagne et de Naples les Bourbons leurs rois légitimes, terminé la *question d'Orient* par la prise de Constantinople et l'occupation de l'Egypte.

Le successeur de Pie IX aura voulu attendre en exil, comme Henri V, le moment où son peuple sentira le besoin de sa présence. Enfin « les Romains réclament le grand roi. Il n'y a qu'une voix pour bénir le Vicaire et le Capétien. Après « treize ans » de persécution sanglante, Rome voit le Pape « abaisser son vol » sur la capitale du monde chrétien. Il aura, durant l'exil, accompli cette parole de l'Apocalypse : « Un ange vole à travers le ciel portant l'Évangile éternel à toute nation, à toute langue et à tout peuple ». Les Arabes, les Grecs, les Russes, les Juifs et les protestants se convertiront. Il n'y aura qu'un troupeau et qu'un pasteur. Celui que Nostradamus appelle « le grand monarque » gouvernera le monde moral avec le grand vicaire du Christ.

« *Un jeune révolutionnaire* (le dernier Antechrist?) *né à Paris* de parents obscurs et ténébreux voudra renverser la puissance du grand Roy révérée. Le pasteur demy Dieu honoré verra (après 1889) des débris des révolutions chercher à le déshonorer. Plus tard la fleur blanche s'obscurcira et à la fin disparaîtra pour ne plus reparaître, après un règne de 37 ans et 4 mois : « Par quarante ans l'Iris n'apparoîstra, par quarante ans tous les jours sera veu ». Après une quarantaine d'années d'exil, il y aura une quarantaine d'années de règne ; puis « A l'Ogmion sera laissé le règne du grand Selyn ».

Henri V aura laissé le règne à la République : « Selyn monarque l'Italie pacifique (ayant pacifié l'Italie), Regnes unis par Roy chrestien du monde (ayant uni par son influence chrétienne tous les gouvernements de la terre), Mourant voudra coucher en terre Blésique (à Chambord), Après pyrates avoir chassé de l'onde ». Dieu aura accordé au dernier roi de France comme suprême consolation d'avoir enlevé l'empire des mers à la race « sordide » à la « Pille, avare. »

L'influence du grand roi lui survivra : « Les fleurs passées diminue le monde, Longtemps la paix terre inhabitées, Seur marchera par ciel, terre, mer et onde, Puis de nouveau les guerres suscitées ». Après la disparition des fleurs de lis au commencement du dernier siècle, la paix demeurera encore dans les terres où elle n'a pas l'habitude de demeurer. L'homme marchera en sûreté partout où il se dirigera. Puis commenceront les dernières guerres du monde.

« L'an mil neuf cents nonante neuf sept mois, viendra du ciel le grand Roi d'effrayeur... Les entrez sortiront de leur tombe. »

AVIS AU LECTEUR.

Plusieurs demandent qu'on leur adresse la suite des *Lettres du grand prophète*, au fur et à mesure qu'elles paraîtront ; d'autres, tout ce que l'auteur publiera sur la prophétie. Note est tenue de ces demandes pour y faire droit.

POITIERS. — TYPOGRAPHIE DE HENRI OUDIN.

www.ingramcontent.com/pod-product-compliance
Lightning Source LLC
LaVergne TN
LVHW010048230826
846091LV00005B/1898

* 9 7 8 2 0 1 2 9 4 0 4 3 7 *